基于大数据的
证券市场财经信息

效应研究

陈岩　李庆／著

西南财经大学出版社

中国·成都

图书在版编目(CIP)数据

基于大数据的证券市场财经信息效应研究/陈岩,李庆著.—成都:西南财经
大学出版社,2023.5
ISBN 978-7-5504-5775-1

Ⅰ.①基…　Ⅱ.①陈…②李…　Ⅲ.①证券市场—经济信息—研究
Ⅳ.①F830.91

中国国家版本馆 CIP 数据核字(2023)第 084600 号

基于大数据的证券市场财经信息效应研究
JIYU DASHUJU DE ZHENGQUAN SHICHANG CAIJING XINXI XIAOYING YANJIU
陈岩　李庆　著

责任编辑:林伶
助理编辑:马安妮
责任校对:李琼
封面设计:墨创文化
责任印制:朱曼丽

出版发行	西南财经大学出版社(四川省成都市光华村街55号)
网　　址	http://cbs.swufe.edu.cn
电子邮件	bookcj@swufe.edu.cn
邮政编码	610074
电　　话	028-87353785
照　　排	四川胜翔数码印务设计有限公司
印　　刷	四川煤田地质制图印务有限责任公司
成品尺寸	170mm×240mm
印　　张	12.75
字　　数	222 千字
版　　次	2023 年 5 月第 1 版
印　　次	2023 年 5 月第 1 次印刷
书　　号	ISBN 978-7-5504-5775-1
定　　价	78.00 元

前　言

随着信息技术的不断发展，大数据分析技术在金融领域的应用越来越广泛。作为金融领域的重要组成部分，证券市场的财经信息对投资者的决策和市场监管的效果产生了重要影响。因此，本书旨在从大数据视角出发，研究互联网财经新闻对证券市场的影响，并探讨其在监管、公司治理和投资者认知行为等方面的影响，为证券市场的实践提供理论参考和决策辅助。

本书的重点研究内容主要分为三个部分。第一部分介绍了利用大数据分析技术研究海量互联网财经新闻对证券市场的影响的方法和应用。第二部分从多个视角探索证券市场财经新闻媒体效应，并分别从施动者、受动者和管理者三个不同的视角，探讨互联网财经新闻在不同情况下的具体表现。第三部分介绍了基于深度神经网络学习机制的证券市场财经新闻媒体效应研究，提供了智能计算框架以解决金融学的经典命题。

本书共有两位作者，分别是陈岩和李庆。陈岩负责第一部分和第二部分的撰写，主要内容包括大数据分析技术在研究财经新闻媒体效应方面的应用，并探讨证券市场财经信息在不同情况下的表现。李庆负责第三部分的撰写，主要内容包括基于深度神经网络学习机制的证券市场财经新闻媒体效应研究，提供智能计算框架解决金融学的经典命题。

在此，我们要向支持和帮助我们完成这本专著的各方面人士和机构表示感谢。首先，我们要感谢我们所在的单位——西南财经大学金融科技国际联合实验室、四川省金融智能与金融工程重点实验室，以及研究团队为我们顺利完成研究和撰写本书所提供的资源和支持。其次，我们还要感谢提供数据和文献支持的各位同行，没有他们的帮助，我们的研究无法如此深入和全面。最后，我们还要感谢家人和朋友的理解与支持，他们是我们最坚实的后盾。

本书适合金融学、经济学、管理学、计算机科学等相关领域的专业人士和学生，以及对证券市场和财经信息效应有兴趣的读者阅读。本书主要从大数据视角对证券市场的财经信息效应进行了深入研究和探讨，旨在为证券市场的实践提供理论参考和决策辅助。同时，本书还介绍了深度神经网络学习机制在证券市场财经信息效应研究中的应用，对于对机器学习技术感兴趣的读者也具有参考价值。我们希望本书能够成为相关领域专业人士和学生的参考读物，也希望本书的研究成果能够对证券市场的实践产生积极的影响。

陈岩　李庆

2023 年 4 月 30 日

目　录

1 绪论

1.1 选题背景和研究意义

1.1.1 选题背景

2020 年，我国证券市场进入了 30 周年的而立之年。"2020 年 A 股市值年度报告"显示，截至 2020 年底，共有 4 140 家公司在深圳证券交易所或上海证券交易所主板上市，市值总规模创历史新高，达到 79.72 万亿元，较 2019 的 59.29 万亿元上涨 20.43 万亿元，涨幅高达 34.46%，相当于我国 2020 年全年 GDP 的 78.5%。通常来说，证券市场是国民经济的"晴雨表"，其走势往往能够比经济周期提前几个月。证券市场常态波动是其具备流动性、充满套利空间的原因，同时也是投资者逐利的机会；但是异常波动可能会带来市场恐慌，演化为系统性风险，甚至成为金融危机爆发的导火索。因此，证券市场的稳定不但是重要的民生问题，而且是国民经济健康发展的重要基石。

传统金融学研究中，有效市场假说（efficient markets hypothesis，EMH）（Fama，1965）认为，证券市场的波动由"新信息"驱动，投资者依据"新信息"不断更新对市场的看法并调整投资行为，从而推动证券价格围绕其内在价值小范围波动。近代行为金融学认为，由于非理性投资者对信息的认知偏差和处理信息的不完全理性，其产生的情绪化投资行为会引起证券市场的波动（De Long et al.，1990；Shleifer et al.，1997）。尽管传统金融学和近代行为金融学对信息如何影响证券市场走势有不同的观点，但是二者都认同证券市场的波动与相关媒体信息的发布、传播和吸收紧密联系（De Long et al.，1990；Fama，1965；Rechenthin et al.，2013）。

在互联网技术持续普及并得到广泛应用的今天，互联网中的媒体信息量与传播速度日渐剧增，进一步加剧了媒体信息对证券市场波动的影响力。事实上，互联网媒体对证券市场的影响是一把双刃剑。一方面，其广泛且迅速的信息传播能力有利于降低市场参与者之间的信息不对称程度，从而提高证券市场有效性和维护市场稳定。另一方面，互联网上存在着大量的片面、违规甚至虚假信息，这些信息不但严重冲击了股价，而且极大打击了投资者对证券市场信息透明性和真实性的信心，从而降低证券市场的融资能力和社会资源配置能力。例如，2011 年 6 月 13 日，原《内蒙古商报》社长编造了《内幕惨不忍睹：伊利被掏空》一文，并发布到网上，在短短的 55 分钟内，导致伊利股份股票由涨停变为跌停，市值蒸发约 10 亿元。

事实上，目前业界已经初步成立了多只基于社交媒体分析的对冲基金，例如 DCM Capital、Twitter-based Hedge Fund、Cayman Atlantic。总体而言，这些基金通过分析媒体信息内容来感知公众情绪、消费者意愿和投资者行为，来指导投资者进行投资，它们都取得了不错的业绩。特别是 Cayman Atlantic 管理资本，其年收益回报率达到了 9.72%。值得一提的是，2017 年 10 月 18 日，美国 IBM 公司支持的 EquBot 推出了一款名为 AIEQ 的交易型开放式指数基金（ETF），这是人类历史上首款旨在完全脱离人工干预，利用人工智能预判证券市场波动的指数基金。截至 2020 年 1 月 31 日，AIEQ 以 15.22% 的年收益率战胜了标准普尔 500（S&P500）指数。

早期的传统金融学研究主要利用基于新闻数量的计量分析法来研究媒体与证券市场波动的关系。具体而言，基于新闻数量的计量分析法是将新闻发布的数量作为新闻影响力的度量方式，来研究新闻对证券市场的影响（Chan，2003；Mitchell et al.，1994）。虽然有效证实了媒体对证券市场的影响力的存在性，但事实上，媒体对证券市场的影响来源于其对企业基本面情况的描述，以及在特定媒体影响下投资者的非理性行为。基于新闻数量的计量分析法没有考虑到丰富的媒体内容，仅将媒体浓缩成一个"点"来测度其影响力显得过于简化，难以准确地捕捉媒体对证券市场的真实影响力。

近年来，随着现代行为金融学在证券市场波动风险领域的深入研究，越来越多的证据表明，投资者的认知偏差和情感偏见是导致证券市场波动的重要因素（Barberis et al.，1998；Da et al.，2015；De Long et al.，1990；

Mitra et al.，2011；Shleifer et al.，1997；Tetlock，2007）。其中，最具有代表性的开创性成果是 Tetlock 教授发布在 *Journal of Finance* 的两篇研究报告（Tetlock，2007；Tetlock et al.，2008），Tetlock 使用哈佛大学心理学词典（HPD）分析了 1984 至 1999 年《华尔街日报》（*Wall Street Journal*）上的新闻，提出了一种利用情感词比例来代表新闻内容的文本情感量化框架，探索了新闻的消极情感与上市公司的股票收益、公司业绩之间的关系。Tetlock 的研究初步揭开了传统媒体新闻文本内容与证券市场波动风险关系的面纱。在大数据时代下，相比互联网信息几何级增长和传播方式的多样性，传统新闻媒体的发布量、传播力、影响力则显得相形见绌，类似的基于传统媒体新闻或少量的互联网媒体新闻的研究也已无法满足对证券市场综合影响的准确把握。本书将从大数据的视角出发，利用大数据分析技术研究海量的互联网财经新闻对证券市场的影响。

此外，以往的研究通常是将新闻视为一个整体，验证其对证券市场整体的影响，但是缺乏了对证券市场媒体效应更深层次、更细致的探索。事实上，在施动者（媒体）层面，新闻发布的内容是多种多样的，例如存在运营与业绩、违规处罚、重组并购等多类别的新闻，具体哪种类型的新闻对证券市场波动的影响最为显著？在受动者（上市公司）层面，公司具有不同的属性，特别是在不同的行业，什么样的公司更容易受到新闻的冲击？在管理者层面，有的管理者倾向于同外界媒体产生更多的互动，有的管理者则更关注公司自身的经营，那么上市公司管理者在证券市场媒体效应中扮演的不同角色会对公司产生怎样的影响？种种问题都值得进一步深思和探索。本书从施动者、受动者和管理者三个视角，对证券市场的新闻媒体效应展开了深入和细致的探讨。

金融研究一直致力于解构（deconstruct）导致系统性经济风险的内在机理，由导致系统风险波动的原因出发，从经济指标、市场环境、政策变化、投资者情绪等角度逐一探寻不同风险因素对经济系统波动的影响。但是，现实的经济系统是一个复杂的动态系统，其波动一定是各种因素交叉融合、相互作用的合力结果。传统的金融计量方法难以捕捉这一过程的全貌，这是"解构"思维的缺陷，也直接构成系统性风险分析研究的重大瓶颈。本书利用深度学习机制，提出了一个智能计算框架，用整体、连续，而非单一的数据关系，研究复杂市场因素对证券市场新闻媒体效应的综合影响。

综上所述，本书致力于从大数据视角研究证券市场的新闻媒体效应。为了获得足够的互联网新闻数据，本书首先利用研发的定向分布式网络抓爬器[①]，获取了 2015 至 2017 年的中国 36 个主流财经网站的 110 余万条新闻信息；其次研究先进的自然语言处理技术，实现新闻主题的分类与新闻情感的量化；最后系统全面地从三个视角（施动者、受动者和管理者），通过传统金融计量模型探索证券市场新闻效应。由于传统的金融计量方法存在难以捕捉现实证券市场复杂动态过程的缺陷，本书进一步提出了一个深度学习框架，用整体、连续，而非单一的数据关系，研究复杂市场因素对证券市场新闻媒体效应的综合影响。

本书构建的大数据证券市场媒体效应研究理论框架和技术方案，可以从金融市场监管、上市公司治理、投资者认知行为三个不同的角度，为证券市场实践提供重要的理论参考和决策辅助。具体而言，在金融市场监管方面，监管者应当充分肯定媒体在证券市场中的积极作用、加强与新闻监管机构的长期合作、加强对各机构的监管以杜绝内幕交易；在上市公司治理方面，上市公司应当积极把握媒体动态和行业形势、充分发挥公司高管在媒体中的作用、完善信息披露机制和内容；在投资者认知行为方面，投资者应冷静应对海量互联网财经新闻、有效甄别和理性看待不同主题的新闻、选择熟悉的上市公司进行投资。

1.1.2 研究意义

传统金融学的"有效市场理论"（EMH）认为证券市场的波动由"新信息"驱动，理性投资者根据上市公司基本面的"新信息"不断更新对证券未来价值的预期，调整投资行为，从而推动证券市场波动（Fama，1965）。可见，媒体报道在一定程度上传递了上市公司基本面情况的"新信息"。Solomon 等（2012）发现媒体高曝光能够使投资者对上市公司未来前景形成更高的预期，从而导致更高的股票价格。Engelberg 和 Parsons（2011）指出，媒体对相关公司的曝光可以显著提升投资者对该公司股票的交易频率和交易量。近代行为金融学的"非理性投资者理论"发现，证券市场的异常波动是由非理性投资者的情绪冲动引起的（De Long et al.，1990；Shleifer et al.，1997），投资者可能会受到媒体信息中的同行意见或

---

① 定向是指通过对目标网站中所需的内容进行筛选，精准地获取其中的信息；分布式是指在多台服务器上部署爬虫程序，实现联合采集。

专家倾向性观点的影响，产生的非理性投资行为导致证券市场的波动。Tetlock（2007）和 Tetlock 等（2008）在金融学顶级期刊 *Journal of Finance* 上连续发表了两篇研究报告，通过对 16 年的《华尔街日报》新闻的分析，首次论证了运用新闻信息来捕捉投资者非理性行为对相关证券波动影响的有效性。2019 年，Calomiris 和 Mamaysky 在顶级金融学期刊 *Journal of Financial Economics* 上发文，通过对 51 个国家证券市场的检验，发现财经新闻可以预判一个国家证券市场的未来发展趋势（Calomiris et al.，2019）。综上所述，不论是传统金融学中基于市场对信息吸收能力的 EMH，还是近代行为金融学中的信息对投资者情绪影响的"非理性投资者理论"，都认同证券市场的波动与媒体关于资本信息的发布、传播和吸收是紧密相关的（De Long et al.，1990；Fama，1965；Rechenthin et al.，2013）。

随着信息技术的发展，证券市场媒体效应研究逐渐被计算机学者关注，他们尝试采用基于机器学习的分类模型来捕捉媒体信息与证券市场风险波动之间的关系。Bollen 等（2011）成功从 1 000 万条推特信息（Tweets）中提取出投资者公众情感，并利用自组织模糊神经网络（self-organizing fuzzy neural network，SOFNN）模型，发现其中的"冷静"情感指标与未来 3 至 4 天的道琼斯工业平均指数（Dow Jones industrial average，DJIA）有惊人的相似性，对 DJIA 趋势预测的准确率达到了 86.7%。为了准确预测未来的真实股价，而不仅限于变化趋势，美国亚利桑那大学的 Schumake 和 Chen（2009b）率先运用了 SVR 来直接分析新闻对股票具体价格的影响。Li 等（2014b）发现媒体信息发布后的第 26 分钟对股价的影响最大，随着时间的推移，影响逐渐变弱。可见，无论是金融学领域还是计算机科学领域，证券市场的媒体效应已经被学术界广泛证实。

然而，以往的研究通常是基于所有新闻对证券市场整体的影响力的探讨，鲜有研究能够更深层次地探索某类新闻对证券市场局部的影响。特别是在"互联网+大数据"时代下，海量的互联网财经新闻究竟是如何影响证券市场的？其对证券市场风险波动更深层次、更细致、更具体的影响又是怎样的？对于这类问题，学界却一直没有给出答案。因此，本书的研究意义主要在于寻求方法学的突破，利用先进的大数据分析手段，将互联网财经新闻因素引入证券市场风险波动研究中，利用传统金融计量模型和深度学习框架，从多个维度（施动者、受动者、管理者）深化和拓展了互联网媒体新闻报道对相关上市公司证券风险波动的影响研究，最终从投资者认知行为、上市公司治理、金融市场监管三个不同的角度给予建议。不管是在理论层面还是现实层面，本书都具有十分重要的研究意义。

1.1.2.1　理论意义层面

本书从大数据分析的方法学视角，为证券市场媒体效应领域的研究提出了一套切实可行的基于大数据分析技术的解决方案和理论框架。传统金融学关于证券市场媒体效应的研究通常以事件分析法为主导，仅将媒体浓缩成一个"点"，考察媒体事件发生与否同证券市场波动的关联。显然，这种研究模式在大数据时代下显得相形见绌。"大数据"为我们获取事物最真实的本质带来了契机，本书从文本大数据的角度出发，不再局限于具体案例分析和抽样统计，而是通过对海量数据进行直接的分析，利用智能化的文本大数据收集、整理、分析技术，深层次地定量解析新闻内容、公司属性、管理者媒体行为对中国证券市场波动的影响状况。

本书从施动者（媒体）、受动者（公司）和管理者三个维度，更深入、细致、具体地探索了证券市场媒体新闻效应，为更深层次地认知证券市场媒体效应提供了理论依据。在施动者层面，本书有利于人们更加深刻地理解异质性新闻在证券市场波动中的作用机理。在受动者层面，本书填补了国内外研究的空白，率先进行了行业之间媒体效应的比较性研究，证实了新闻在各行业中的影响力差异性。在管理者层面，本书从高层梯队理论（upper echelons theory）① 出发，探讨了公司高层管理者的媒体行为特质与公司在证券市场上的表现的关系。

对于复杂经济系统研究，金融学依循解构思维，利用数理统计模型或经济计量模型逐一分析不同因素对系统的影响。然而，复杂系统的运动一定是各种因素交叉融合、相互作用的合力结果。传统的金融计量方法难以捕捉这一过程的全貌。本书从系统论出发，利用深度学习机制，提出了一个智能计算框架，用整体、连续，而非单一的数据关系，研究复杂市场因素对证券市场新闻媒体效应的综合影响。希望通过这一系列研究，为探寻金融学资产定价经典命题背后的经济运行机制，提供一个智能计算的思维方式，为复杂经济系统风险研究拓展一个基于智能计算思维量化的新领域。

---

① 高层梯队理论认为：拥有不同背景特征的管理者，会有不同的价值观和个人认知，这些因素会直接影响其工作中的沟通和合作，进而间接影响相关决策。

1.1.2.2　现实意义层面

本书从金融市场监管、上市公司治理、投资者认知行为三个不同的角度，为证券市场实践提供重要的理论参考和决策辅助。具体而言，本书在为市场监管政策和信息披露机制的制定提供理论依据方面，建议监管机构应该针对上市公司的不同情况制定不同的信息披露机制，特别是在上市公司处于政策扶持、重组并购或违规受罚等重大决策情况时；在为上市公司治理与规范运作提供决策辅助方面，建议上市公司积极维护公司媒体形象和信誉，时刻关注和监控相关互联网新闻，建议高层管理者积极参与市场信息的发布与传播，消除与投资者的信息不对称；在为投资者减少非理性投资行为、保护投资者利益方面，建议加强对投资者投资知识的普及，提升其有效鉴别高波动、高风险行业的股票的能力以及保持投资情绪稳定的能力，避免错误情绪引发的投资者群体性运动，造成市场的"羊群效应"。

1.2　研究思路、研究方法及研究内容

1.2.1　研究思路

"互联网+大数据"时代下，证券市场媒体效应研究机遇与挑战并存，海量的互联网数据使我们的研究离真实世界更近了一步，但是给我们的研究方法也提出了巨大的挑战。本书旨在利用先进的大数据分析手段，从多个维度（施动者、受动者、管理者）深化和拓展互联网财经新闻对证券市场风险波动的影响研究。本书按照"提出问题—分析与解决问题—总结与建议"的思路与框架展开研究（如图1.1所示），具体而言：

第一，通过梳理和总结相关研究文献，在全面清晰梳理国内外研究现状、理解互联网媒体对证券市场稳定带来的传导作用和潜在冲击的基础上，确定本书的研究方向并发现研究意义，然后完成研究思路的建立与研究方法的选定，最终形成本书的创新点。

第二，本书首先从大数据方法学的视角，研发定向分布式网络抓爬器，从中国36个主流财经网站中追踪并获取互联网财经新闻数据，经过溯源追踪、文档去重等一系列的数据预处理，完成互联网财经新闻信息数据库的构建；其次，提出一种基于卷积神经网络（convolutional neural networks，CNN）的文本主题自动分析与判定方法，将新闻文本的主题自

动分类；最后，采用金融学经典文本量化手段，即情感分析法，借助前期研发的专业财经情感词典，将非结构化的新闻文本信息转化成结构化的数据。

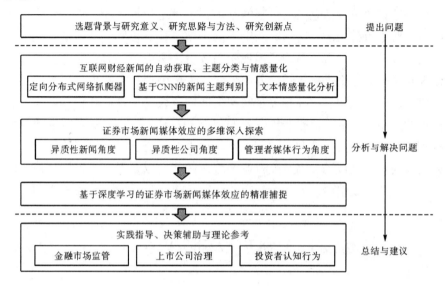

图 1.1　本书的研究思路与框架

第三，不同于传统金融学以事件分析法为主导的证券市场媒体效应研究，本书尝试从施动者（媒体）、受动者（公司）和管理者三个不同的视角，对证券市场媒体效应的研究进行更深层次的思考，探索异质性新闻内容、公司行业属性、公司管理者媒体行为在证券市场风险波动中的作用。

第四，本书进一步提出了一个深度学习框架，用整体、连续，而非单一的数据关系，研究复杂市场因素对证券市场新闻媒体效应的综合影响。希望为解决金融学资产定价经典命题提供一个智能计算的思维方式，为探寻复杂经济运行机理拓展一个基于智能计算思维量化的新领域。

第五，本书通过对研究结论的总结性分析，提出有针对性的指导建议与政策实施依据，为市场监管政策和信息披露机制的制定提供理论依据，为上市公司治理与规范运作提供决策辅助，为投资者减少非理性投资行为提供帮助，最终为维护金融市场的稳定和社会的和谐做出贡献。

1.2.2　研究方法

本书尝试打破单一学科的局限性，以跨学科、交叉学科的视角，有机融合金融学、管理学、计算机科学、心理学等众多学科，利用金融智能的交叉学科优势，围绕互联网财经新闻信息与证券市场展开相关的研究，并为以后的相关研究提供有价值的分析依据和理论支撑。本书使用了多种研究方法，主要包括：

（1）文献研究法和归纳总结法

本书通过收集、整理和研读金融学、计算机科学和管理信息系统三个领域关于证券市场媒体效应的文献，全面系统地分析了该交叉领域的国内外研究现状，通过归纳和总结现有研究的不足、空白和缺陷，指出进一步研究的突破点，从而确定本书的研究目的和内容，构建"提出问题—分析与解决问题—总结与建议"的研究路线，增强本书的系统性和综合性，为具体量化分析互联网媒体对证券市场影响的深度和广度奠定重要的理论基础。

（2）大数据分析法

随着互联网的飞速发展，其中的媒体信息量与传播速度日渐剧增，传统的数据分析方法已经无法处理海量级的数据内容。在本书中，无论是财经新闻信息的采集、识别、分类，还是后续的实证分析研究，都是建立在庞大数据量级的基础上，本书利用高性能计算机处理百万级互联网数据，极大地提高了数据处理效率。此外，大数据分析方法有利于保留有效信息，保证研究结果的精细、准确，让研究结论更具有学术说服力，以证明研究结果的广泛适用性。

（3）对比分析法

本书在四个方面用到了对比分析法：一是关于公司高管类新闻、政策类新闻等七类不同主题的新闻对证券市场影响的差异性比较分析；二是关于不同属性公司，特别是各行业公司受到财经新闻冲击差别的对比分析；三是关于上市公司管理者的不同媒体行为导致的差异化媒体效应的比较分析；四是关于机器学习模型效果的比较分析。通过各方面的对比，帮助本书更加细致和深入地探讨互联网新闻媒体信息如何影响证券市场风险波动。

（4）实证研究法

实证分析是指排除了主观价值判断，只考虑经济事物之间相互联系的客观规律，并根据这些规律来分析和预测人的经济行为的效果。本书使用了资本资产定价模型、Fama-French 三因子模型、事件研究法等计量经济学经典分析方法，对 2015 至 2017 年我国 A 股市场 2 253 只股票的风险波动进行了实证研究。本书得出的一系列实证研究成果，可以从投资者认知行为、上市公司治理、金融市场监管三个不同的角度，提供理论参考和决策辅助。

（5）基于机器学习的研究方法

本书采用基于机器学习的研究方法对市场信息效应进行分析，机器学习方法可以更好地量化新闻对证券市场影响的深度和广度，用整体、连续，而非单一的数据关系，研究复杂市场因素对证券市场新闻媒体效应的综合影响。机器学习研究方法是一门多领域交叉学科，涉及概率论、统计学、逼近论、凸分析、算法复杂度理论等多门学科，具有优秀的理论和应用基础，也是人工智能的核心，是使计算机具有智能的根本途径，为互联网财经新闻主题的识别，财经新闻对证券市场影响力的具体量化，以及智能化风险分析系统的构建，都提供了强大的技术支撑，增加了本书完成的可能性。

1.2.3　研究内容

本书主要分为以下 7 个章节：

第 1 章，绪论。本章主要介绍了本书的选题背景和研究意义，梳理了研究思路、研究方法及研究内容，最后指出了本书的主要创新点。

第 2 章，文献综述。本章首先从传统金融学和行为金融学两个视角阐明了证券市场媒体效应的理论基础；其次厘清了投资者情绪在证券市场风险波动中的作用机制；最后从技术层面梳理了媒体信息的分类方法与量化方法，以及洞悉媒体与证券市场关联的分析模型。

第 3 章，研究总体设计。本章首先介绍了本书的总体研究框架；其次介绍了研究过程中可能面临的难点问题；最后针对研究目的和难点问题，提出了研究总体技术路线。

第 4 章，互联网财经新闻的自动获取、主题分类与情感量化。第 4 章为本书奠定了数据基础，首先介绍了本书获取海量互联网财经新闻的途径；其次介绍了本书所采用的新闻主题自动分类技术；最后介绍了将新闻转化成为结构化数据的情感量化方法。

第 5 章，互联网财经新闻与证券市场的关联性分析。本章从施动者、受动者、管理者三个角度，对互联网财经新闻的证券市场影响性进行了验证，试图揭示二者更深层次、更复杂的关系。首先对现有的证券市场媒体效应的经典理论与研究方法进行了系统梳理；其次，从施动者、受动者、管理者三个角度提出了相应的研究假设；再次，在总结现有研究方法的基础上，设计了适用于本书的研究路径与方法；最后，对实证结果进行了归纳、总结与分析。

第6章，基于深度学习的证券市场新闻媒体效应的精准捕捉。本章从金融学和计算机科学交叉学科的视角，弥补传统的金融计量方法难以捕捉现实证券市场复杂动态过程的缺陷，进一步提出了一个深度学习框架，用整体、连续、而非单一的数据关系，研究复杂市场因素对证券市场新闻媒体效应的综合影响。

第7章，研究总结、政策建议、不足与未来展望。本章在对全书的研究工作进行总结的基础上，为不同的市场参与者提供了应用建议与决策参考依据。同时，对研究中存在的不足进行了分析和反思，对证券市场媒体效应领域未来可能的研究热点与研究方向进行了展望。

1.3　本书的创新点

本书的创新点主要包括如下三个方面：

（1）从大数据的视角研究新闻媒体对证券市场的影响

近代行为金融学发现证券市场的风险波动与媒体信息紧密相关。不同于传统金融学以具体案例分析和抽样统计为主导的证券市场媒体效应研究，本书从文本大数据的角度对海量财经新闻数据进行了直接分析，利用智能化文本大数据收集、整理、分析技术，深层次地揭示了互联网财经新闻与证券市场风险波动的关系，研究结果能够更接近最真实的本质。

（2）从多个视角（施动者、受动者和管理者）探索证券市场新闻效应

本书通过构建的大数据分析框架，系统全面地分析了证券市场的新闻媒体效应。具体而言，本书从施动者（媒体）、受动者（公司）和管理者三个不同的视角，探索新闻媒体在不同约束条件下（异质性新闻内容、公司所属行业、公司管理者媒体行为），证券市场媒体效应的具体表现。本书发现，在施动者（媒体）层面，政策类新闻导致的媒体效应最为显著，违规处罚类新闻次之，公司高管类新闻带来的媒体效应最弱；在受动者

（公司）层面，采矿业公司的媒体效应明显，金融业公司的媒体效应最弱；在管理者层面，上市公司管理者的媒体高曝光率行为降低了新闻与市场的相关性。

（3）基于深度神经网络学习机制的证券市场媒体效应研究

对于复杂经济系统研究，金融学依循解构思维，利用数理统计模型或经济计量模型逐一分析不同因素对系统的影响。然而，复杂系统的运动一定是各种因素交叉融合、相互作用的合力结果，传统的金融计量方法难以捕捉这一过程的全貌。本书从系统论出发，利用深度学习机制，提出了一个智能计算框架，用整体、连续，而非单一的数据关系，研究复杂市场因素对证券市场新闻媒体效应的综合影响。笔者希望通过这一系列研究为金融学领域的经典命题寻找一个新的智能计算的解决方案，为识别资产定价现象背后的经济机制提供可能，为经济建模和投资组合选择的实际应用带来希望。

2 文献综述

　　媒体信息通过传播专家意见或个人观点，引起投资者情绪的波动，导致投资者产生非理性投资行为，最终左右证券市场的波动。本章基于媒体信息对证券市场的作用机理，从理论和技术两个层面完整地梳理和回顾相关研究文献。在理论层面，本章首先从传统金融学和行为金融学两个视角阐明证券市场媒体效应的理论基础；其次厘清财经新闻在证券市场风险波动中的作用机理；最后对国内外探讨投资者情绪与证券市场风险波动的相关文献进行梳理和总结。在技术层面，本章首先回顾媒体信息主题内容分类的常用技术手段的相关文献；其次厘清将媒体信息转化成结构化数据的文本信息量化方法的发展脉络；最后从金融学和计算机科学两个角度探讨了相应领域关于洞悉媒体与市场关联的分析模型。

　　为了追踪到最新的研究进展，笔者对近十年上千篇重要国际学术论文进行了梳理，系统分析了 229 篇探讨媒体对证券影响的论文，涉及金融学、管理学与计算机科学三大领域。该文献综述发表在国际学术期刊 *IEEE Transactions on Knowledge and Data Engineering*（*TKDE*）[①]，是该领域的第一篇国际文献综述文章，具体内容请参见 "Web media and stock markets：A survey and future directions from a big data perspective"。

2.1　证券市场媒体效应研究

　　随着信息技术的发展和广泛应用，媒体，特别是互联网媒体，成为投

---

　　① 中国计算机学会（https://www.ccf.org.cn/c/2019-04-25/663625.shtml）将 *IEEE TKDE* 定位为数据库/数据挖掘/内容检索领域 4 个 A 类国际期刊之一。依据 CCF 定义，"A 类指国际上极少数的顶级刊物和会议，鼓励我国学者去突破"。

资者获取信息的重要渠道，同时也成为影响证券市场稳定的一个崭新"风险源"。本节先从传统金融学经典理论和行为金融学理论入手，阐明证券市场媒体效应存在性的理论基础，其次发掘财经新闻对证券市场的作用机理，从而为本书奠定坚实的理论基础。

2.1.1 证券市场媒体效应存在性研究

传统金融学理论认为，一个"有效的"证券市场总是能够"充分且及时地反映"所有的"新信息"，资产的价格都是其均衡价值的真实反映。也就是说，证券市场的波动由"新信息"驱动，投资者依据"新信息"调整投资行为，从而推动证券市场波动，这就是有效市场假说（EMH），由诺贝尔经济学奖获得者尤金·法玛在 1965 年首次提出。有效市场假说指出，市场中存在大量追求自身利益最大化的完全理性投资者，他们能够获得决策所需的所有"新信息"，并且积极参与市场竞争，于是这种完全竞争的结果导致当前的证券市场价格完全反映了当前的所有信息，所以证券市场是完全有效的（Fama et al.，1995；Ross，1976；Sharpe，1964）。但事实上，证券市场很难达到完全有效，因为这一假说的两个前提难以满足，即交易主体都是完全理性的经济人，且他们都拥有完全的信息。现实往往并非如此，交易主体是带有感情的人，无法做到完全理性，信息不完全且不对称现象也普遍存在。所以传统金融学理论难以解释各种"金融异象"，例如天气效应①、一月效应②、规模效应③等。

近代行为金融学者开始尝试从不同的角度寻找解释，他们从投资者"有限注意力"和"有限理性"两个角度出发，探索信息对证券市场的作用机制。"有限注意力"指出投资者的注意力是有限的，他们没有足够的时间和精力在一瞬间内获取并处理完所有"新信息"（Kahneman et al.，1973），仅能够在处理一部分信息的基础上便进行投资决策；"有限理性"

---

① 天气效应指股票收益率与天气有关。Hirshleifer 和 Shumway（2003）发现投资者在阴天、大风天等坏天气下情绪不佳，拖累股指下跌；相反，在好天气下，愉悦的心情使投资者敢于冒险，因而推动股指上涨。

② 一月效应指股票收益率与时间有关。Rozeff 和 Kinney Jr（1976）发现纽约证券交易所的股指在一月的收益率明显高于其他月份的收益率。Gultekin 和 Gultekin（1983）进一步对 17 个国家的证券市场一月效应进行了研究，证实了其中 13 个国家股票一月的股票收益率高于其他月份。

③ 规模效应指股票收益率与公司规模有关。Banz（1981）首次发现规模效应，即在美国市场，公司的规模越小，无论是总收益率还是风险调节后的收益率则越高。随后，经济学家们先后证实了比利时、加拿大、日本、西班牙、法国等国家证券市场中均存在规模效应。

指出投资者是"不完全理性"的，媒体对上市公司的描述信息会导致投资者产生非理性投资行为，从而推动证券市场波动（De Long et al.，1990；Shleifer et al.，1997）。总的来说，近代行为金融学认为投资者接收到信息后，由于其认知偏差（cognitive bias）和不完全理性，投资情绪改变，进而改变投资决策，最终影响证券市场风险波动。

综上，不论传统金融学理论中基于市场对信息吸收能力的"有效市场假说"，还是近代行为金融学中的信息对投资者心理影响的"非理性投资者"学说，二者都认为"证券市场风险波动与媒体关于资本信息的发布、传播和吸收是紧密相关的"（De Long et al.，1990；Fama，1965；Rechenthin et al.，2013）。

事实上，证券市场媒体效应的存在性已经得到了金融学、管理学、计算机科学等多个领域学者的广泛验证（Li et al.，2017）。早期的研究可以追溯到对传统媒体信息的研究，学者利用报纸报道、公司公告、财务报表等信息，去探寻证券市场波动的原因（Andersen et al.，2007；Gray et al.，1995；Nartea et al.，2009；Schumaker et al.，2008，2009b）。随着互联网媒体的兴起，海量信息及其极速传播增强了媒体对证券市场的影响，证券市场媒体效应的研究逐渐从传统纸质媒体转移到了互联网媒体，学者们开始尝试利用推特、微博、股吧等新兴媒体信息，去探索互联网媒体对证券市场的影响（Bollen et al.，2011；Das et al.，2007；Huang et al.，2016；Li et al.，2014b；Xing et al.，2019）。不论是传统的纸质媒体信息，还是现在流行的互联网媒体信息，媒体信息作为影响证券市场正常运行的重要影响因素，已经成为金融学、管理学、计算机科学的热点内容之一。

2.1.2 新闻信息对证券市场的影响研究

新闻信息对证券市场的影响研究最初起源于金融学领域。学者们观察到重大新闻事件（breaking news）对证券市场的影响，开始应用事件法研究特定新闻报道对证券市场波动的影响。Niederhoffer（1971）通过分析《纽约时报》发布的重大新闻的标题，研究重大新闻事件对证券市场的影响，并发现重大新闻发布后的第一天，市场的反应最为强烈。Mitchell 和 Mulherin（1994）通过研究每天道琼斯重大新闻的数量，发现新闻的数量与证券市场交易量、收益率直接相关。陶萍和刘先伟（2015）以新华社评出的 2011 年国际十大新闻中的 3 条新闻为背景，以上海证券交易所主板上市公司为研究样本，发现国外突发新闻事件能够显著影响国内证券市场。上述早期研究由于缺乏量化非结构化的新闻文本信息的技术手段，只是简单地采用某些特定新闻、新闻数量或新闻标题来分析新闻如何影响证券市场，忽略了新闻文本中包含的大量有价值的内容信息。

随着互联网媒体的兴起和信息技术的发展，越来越多的学者尝试利用计算机技术打破传统案例研究与实验研究方法陷入的以偏概全的局面，来探析互联网新闻与证券市场波动的关联。相关研究可以追溯到 1998 年，Wuthrich 等（1998）运用 K 最近邻（K-Nearest Neighbor，KNN）机器学习技术，来分析《华尔街日报》、《金融时报》、路透社等 5 家新闻媒体上的实时新闻对亚洲五大证券市场指数的影响。遗憾的是，由于技术的不成熟性，该项研究并未引起足够的重视。直到 2007 年，Tetlock 在顶级金融学期刊 *Journal of Finance* 上连续发表的两篇研究报告被公认为该领域的开创性成果（Tetlock，2007；Tetlock et al.，2008），该项研究以 16 年的《华尔街日报》新闻数据为样本，利用情感词分析技术，首次量化分析得出新闻负面情感对证券市场的显著影响力。2019 年，Calomiris 和 Mamaysky 在顶级金融学期刊 *Journal of Financial Economics* 上发文，通过对 51 个国家证券市场的检验，发现通过对财经新闻的分析，可以预判一个国家证券市场的未来发展趋势（Calomiris et al.，2019）。这 3 篇文章基本确立了新闻信息对证券市场风险波动影响的金融学理论基础。

此外，在计算机科学和管理学领域，相关研究同样取得了显著的成果，例如 Schumaker 和 Chen（2009b）在顶级计算机期刊 *ACM Transactions on Information Systems* 上发文，通过专有名词来量化新闻的基本面信息，并运用支持向量回归模型（support vector regression，SVR），成功地捕捉到新闻对证券市场波动影响的 20 分钟效应。Li 等（2020a）在顶级计算机期刊 *IEEE TKDE* 上发文，提出了一个基于事件驱动的时序神经网络模型，能有效地处理新闻信息的变时长离散特性，成功平衡了多种不同时序间隔的市场因子对证券波动的综合影响。Xu 和 Zhang（2013）在管理学顶级期刊 *MIS Quarterly* 发表文章，发现维基百科上的汇总信息可以有效为投资者改善证券市场的信息环境，减轻了投资者对坏消息的负面反应。Bali 等（2018）在管理学顶级期刊 *Management Science* 上发表文章，发现公司的突发新闻增加了投资者对公司价值的认知分歧程度，从而引起证券市场的波动。

聚焦于不同内容的新闻对证券市场的影响研究，由于缺乏新闻主题分类的相关技术手段，相关文献在学术界少之又少。但是，为了保证本书的严谨性和完整性，这里依然对现有的文献进行梳理和总结。具体而言，本书只检索到一篇国内文献将五种不同类型的互联网新闻对上市公司证券表现的影响进行了比较性研究（刘海飞 等，2017），发现政策扶持类、兼收并购类、再融资类、盈利能力类和违规处罚类 5 类新闻对证券市场的影响在影响方向、影响力度、影响持续时间等方面均存在差异。其他文献多是探索某一类新闻事件对证券市场的影响，例如，Jain 和 Sunderman（2014）通过研究并购新闻对证券市场的影响，发现在此类消息公布之前市场便已经存在内幕交易。Lorraine 等（2004）探索了公司保护环境方面的新闻与其证券市场表现的关系，发现污染环境和罚款新闻对公司股价有显著的负向冲击。Carretta 等（2011）发现公司治理类新闻发布之前，投资者只能简单地评估公司治理事件的类型，新闻发布之后投资者会受到新闻内容（正面或负面）和新闻语调（强或弱）的影响。Capelle-Blancard 和 Petit（2019）研究了环境、社会责任和公司治理（environment、social responsibility、corporate governance，ESG）相关新闻与证券市场的关系，发现负面 ESG 新闻的公司市值会下降 0.1%，而正面 ESG 新闻的公司也不会从中获得任何收益。

2.1.3 本节评述

综上所述，本书通过对现有文献的梳理，发现已有的研究多是从传统媒体上获取新闻信息来研究证券市场的媒体效应，但是随着互联网媒体和大数据的发展，这些研究往往受限于样本量少的原因陷入以偏概全的局面，无法全面捕捉媒体新闻对证券市场的影响。另外，不同内容的新闻报道通过对投资者注意力的不同分配，能够诱导投资者产生不同的投资行为，从而引起证券的差异化波动（张雅慧 等，2012）。但是现有研究由于手工分类的局限性，无法系统性地覆盖互联网财经新闻的各个方面，通常只关注某一类特定新闻或者少数几类新闻的有效性（Calomiris et al.，2019；Keown et al.，1981；Niederhoffer，1971；Tetlock，2007），极少涉及基于大数据样本的异质性新闻对证券市场影响差异化的深度挖掘。

因此，本书将研究视角从传统媒体转移到互联网媒体大数据中，以异质性新闻的影响力作为切入点，结合互联网新闻的情感因素和文本内容，利用大数据分析手段，探究互联网媒体中差异化新闻内容对证券市场风险波动更深层次、更细致、更具体的影响。笔者希望通过研究指导上市公司更好地利用互联网媒体进行信息披露，帮助投资者更好地利用互联网媒体新闻信息制定投资决策，协助市场监管者加强信息披露机制的优化和管理，促进证券市场健康与稳定。

2.2 投资者情绪及其对证券市场的影响研究

近代行为金融学理论指出，投资者是"不完全理性"的，他们的认知偏差（cognitive bias）和不完全理性会引起情绪化的投资行为和决策，从而导致股票的价格产生偏差，致使证券市场中产生各种"金融异象"（Banz, 1981; Gultekin et al., 1983; Hirshleifer et al., 2003; Rozeff et al., 1976）。如糟糕的天气可能会导致投资者心绪不佳，拖累股指下跌（Hirshleifer et al., 2003）。特别是在信息技术飞速发展的今天，互联网媒体不仅是投资者获取信息的重要渠道，也是影响投资者情绪波动的重要因素，更是影响证券市场稳定的重要"风险源"。事实上，投资者情绪驱动证券市场风险波动的理论逐渐得到大量金融学者的广泛证实（Bollen et al., 2011; Calomiris et al., 2019; Schumaker et al., 2009a, 2009b）。本节通过梳理媒体信息与投资者情绪的相关文献，以及解析投资者情绪与证券市场风险波动的相关文献，从理论层面深入探索二者之间的内在关联，为本书后续关于互联网新闻中的投资者情绪研究提供关键的理论基础和研究支撑。

2.2.1 投资者情绪的定义与度量

（1）投资者情绪的定义

传统金融理论以理性决策为重要前提，其本原可以追溯到新古典主义经济学，他们认为经济决策的主体都是充满理智的、精于判断和计算的，其行为是完全理性的，既不会感情用事，也不会盲从。在经济活动中，主体所追求的唯一目标是自身经济利益的最大化。也就是说，在证券市场中，传统金融学理论认为投资者能够根据资产的未来价值预期做出理性投资决策，不受个人情绪因素的影响。事实上，在现实情况中，投资者在证券市场上的经济决策难免会受到外界信息的强烈干扰，投资者难以持续保持理性行为。一个典型的现象便是"羊群效应"，是指投资者高度依赖于其他投资者或者舆论导向，产生"整体压力，厌恶，恐惧"等情绪下的群体性非理性行为，也被称为"从众效应"。羊群效应在短时间内可以将股价提升至一个不合理水平，也可以引发大众的群体恐慌情绪使市场重挫。经济学家通过对此类事件的观察，开始从心理学和行为学的角度探寻证券市场羊群效应、规模效应、天气效应等"金融异象"的内在机理，行为金融学便应运而生。

近年来，对投资者情绪的研究逐渐成为行为金融学领域的研究热点。关于投资者情绪的研究可以追溯到两篇行为金融学经典文献"The Noise Trader Approach to Finance"（Shleifer et al.，1990）和"Noise Trader Risk in Financial Markets"（De Long et al.，1990），它们首先给出了投资者情绪的定义即"投资者偏离了公司基本面的那些信念"，认为情绪是那些与基本面无关的"信念"，只有噪音投资者才会有情绪，套利者或者理性投资者是不会受到情绪的影响的。随后，Stein（1996）将投资者情绪定义为投资者对未来预期的系统性偏差，它反映了市场参与者的投资意愿或者预期，Stein 肯定了传统金融学主张的股价是上市公司的"预期"利润的贴现，但是 Stein 也更新了人们对股价的认知，指出"预期"的形成依赖于投资者的情绪心理。之后，Baker 和 Wurgler（2006）提出投资者情绪是投资者对资产未来现金流和投资风险的预期形成的一种信念，并且可能含有对持有股票的乐观与悲观倾向。紧接着，Baker 和 Wurgler（2007）继续深化了对投资者情绪的理解，在 2006 年研究的基础上补充"投资者情绪不取决于当前基本面的信念，并且在噪音交易者和理性套利者群体中同样存在"。

综上所述，投资者情绪的定义纷繁多样，每一种解释均有自己的道理。不可否认的是，在经济活动中，投资者情绪是个非常不确定的因素。投资者情绪会影响到其投资理念的形成过程，还会影响到其对未来的主观判断，并最终影响到其投资决策行为，形成合力后，对证券市场会形成很大的冲击。尤其是在如今互联网媒体信息的复杂环境中，投资者心理更容易受到多方面海量信息的影响，投资者情绪波动频率和幅度也会随着信息量激增和传播速度加剧变得愈发强烈。因此，对投资者情绪的充分理解有助于捕捉互联网信息中投资者情绪的变化，有利于揭示投资者情绪在证券市场运行中的作用，有助于投资者尽可能规避非理性行为，有利于监管者维护市场情绪。

（2）投资者情绪的度量

行为金融学领域的诸多研究已经证实，投资者情绪在社交网络中相互传播、互相影响，并在互动机制①的作用下趋于一致、形成合力，从而推动证券市场的波动（Chan，2003；De Long et al.，1990；Li et al.，2017；Li et al.，2020a；Tetlock，2007；Tetlock et al.，2008）。因此，如何准确地度量投资者情绪的变化，成为揭示投资者情绪与证券市场关联关系的前提与关键（Baker et al.，2006），对了解市场发展动向具有至关重要的作用。早期，关于投资者情绪的研究可以按照度量方法划分为显性情绪指数法和隐形情绪指数法。

显性情绪指数，也称为直接投资者情绪指数，是指直接对投资者进行调查（如调查问卷），来获得投资者对市场走势的看法和判断的数据，并将调查的结果编制成投资者情绪指标来表示投资者的主观情绪态度。显性情绪指数在发达国家金融市场较为成熟，目前获得广泛认可的主要包括：瑞银集团（UBS）和盖洛普咨询公司（Gallup）联合发布的投资者乐观指数，美国个人投资者协会发布的美国个人投资者情绪指数，摩根富林明投资者信心指数，投资者智能指数，道富投资者信心指数，好友指数等。国内市场中比较权威的显性情绪指数主要有两个，一是由央视财经频道在每日收盘后经过对各家券商观点的统计编制的"央视看盘"投资者情绪指数，王美今和孙建军（2004）利用该指数研究发现投资者情绪是影响证券市场收益的一个系统性因子；二是耶鲁—CCER 中国股市投资者信心指数，该指数的基础数据通过对基金经理、证券分析师、保险公司和专业财经媒体的观点调研而获得，王博（2014）将该指数作为一个因子引入资产定价模型中，发现模型效率有显著提升。国内其他显性情绪指数还包括好淡指数、华鼎多空民意调查指数、巨潮投资者信心指数等。

隐性情绪指数，也称为间接投资者情绪指数，是指利用间接影响投资者对市场预期和估计的变量（通常是利用金融市场交易数据）来衡量投资者情绪。Zweig（1973）、Lee 等（1991）、Pontiff（1995）、张丹和廖士光（2009）等多项研究发现，封闭式基金折价可以用来代表投资者情绪的变化。Baker 和 Wurgler（2006）采用封闭式基金折价、换手率、IPO 公司数

---

① 互动机制是指非理性投资者的决策在相互影响的过程中通常会朝向同一个方向，并不会彼此抵消（Shiller et al.，1984）。

量、IPO 首日收益率、股利溢价和股权融资比例这六个市场客观指标，通过主成分分析法复合构建出投资者情绪指数（以下简称"BW 指数"）。易志高和茅宁（2009）对 BW 指数的构建过程加以优化，构建出与中国市场发展状况相匹配的中国股市月度投资者情绪综合指数（CICSI），并证实了其有效性。蔡志刚和赖明明（2016）选取了城镇居民投资意愿、IPO 首日收益率、对数开户比和流通市值加权换手率等指标，用三种不同的手段建立了三种中国股票市场投资者情绪的月度复合指数。国内其他隐性情绪指数还包括中金公司海外投资者情绪指数（OISI）、国泰君安情绪指数（GMX）、国信证券情绪指数（GSISI）等。

目前，由于互联网媒体信息发布量大、传播速度快、受众面广和影响力度强等特点，再加之自然语言处理技术瓶颈的突破与发展的迅速，越来越多的学者对于投资者情绪的深入挖掘逐步扩展到对互联网媒体文本信息，以及文本情感分析相关技术难题的攻克。Tetlock（2007）利用哈佛大学通用情感词库 Harvard-IV-4，通过计算《华尔街日报》新闻中的正面词语和负面词语的比例来度量投资者的情感波动。Das 和 Chen（2007）利用雅虎财经论坛中发帖者的看涨、看跌或看平观点建立投资者情绪指数。Bollen 等（2011）利用 OpinionFinder 情感分析工具将推特信息量化成为消极和积极两个方面，同时利用 Google-Profile of Mood States 工具将推特信息量化成冷静（calm）、警觉（alert）、确信（sure）、活力（vital）、平和（kind）、快乐（happy）6 个维度的语义来刻画投资者情绪曲线。段江娇等（2017）选取了东方财富网股吧上证 A 股论坛帖子，使用贝叶斯分类器将帖子分为看涨或看跌，并用二者之间的关系衡量投资者情绪。唐晓波和叶晨孟（2017）借助自主构建的高频情感词典、领域情感词典和已有的心理学情感词典，创新性地融合热点新闻和读者态度设计了 3 种情感计算方式进行情感分析。

综上所述，目前有多种衡量方法可以对投资者情绪进行度量，从不同的数据源视角解析投资者情绪的变化，并以此为基础探寻投资者情绪与证券市场风险波动之间的关系。相比于显性情绪指数利用的调研数据和隐性情绪指数所用的市场交易数据，在媒体信息量爆炸式增长和传播迅速的今天，媒体信息成为影响投资者情绪波动的最大风险源，其中的倾向性观点引起的投资者情绪波动该如何度量？采用合理有效的量化方法获得新闻信息对投资者情绪倾向影响性的表达，是后续探寻互联网新闻与证券市场波动关系的坚实保障。

2.2.2　媒体信息中的投资者情绪对证券市场的影响研究

随着互联网媒体的兴起和信息技术的发展，海量信息及其极速传播增强了媒体对投资者理性决策的干扰，导致证券市场的异常波动更为频繁与剧烈。具体而言，情绪信息通过媒体的传播被投资者接受、消化，最终转变成投资行为影响证券市场。媒体传播一方面降低了信息的获取成本，缩小了投资者之间拥有信息的数量及质量上的差距；但另一方面，作者在撰写媒体信息的过程中，难免因自身利益对信息加入主观看法，造成其与客观事实存在信息偏差，导致非理性投资者形成有偏见的主观情绪，从而做出不理智的投资决策，最终影响资产价格。事实上，证券市场风险波动受到非理性投资者情绪的影响已经得到了众多研究的证实，基于投资者情绪驱动的证券市场波动分析逐渐成为学术界讨论的热点（Bollen et al., 2011；Ding et al., 2015；Li et al., 2020a；Schumaker et al., 2009b；Tetlock, 2007；Zheludev et al., 2014）。为了更好地厘清受媒体信息影响的投资者情绪与证券市场波动之间的内在联系，本节以媒体形式的转变作为逻辑主线，由早期的权威机构发布的新闻报道，到公众可以参与讨论的财经论坛，再到新兴的交互式社交媒体，重点阐明媒体信息引起的投资者情绪与证券市场波动的关系。

早期的研究起源于对权威机构发布的传统新闻报道的探索，学者们通过观察重大新闻中蕴藏的专家倾向性意见和情感，获取投资者情绪和投资行为的改变，来探索投资者情绪与证券市场之间的内在联系。Tetlock 教授先后在 *Journal of Finance* 上发表的两篇研究使其成为该领域的开拓者（Tetlock, 2007；Tetlock et al., 2008）。Tetlock 通过对 16 年的《华尔街日报》（*Wall Street Journal*）新闻的情感分析，首次论证了运用新闻信息来捕捉投资者情绪与非理性行为对相关证券波动影响的有效性，发现新闻报道中悲观情绪愈甚，则证券市场面临着愈大的下行压力，同时发现不论悲观程度过高还是过低，都会提升市场交易量。Engelberg（2008）使用道琼斯新闻社（Dow Jones News Service）报道中的负面词汇来衡量新闻的情感，发现相比于数据信息，公司的新闻信息包含了更多的与公司未来收益相关的重要信息。例如，负面情绪的公司报道可以预判该公司未来在证券市场上的表现会变得更糟糕。Kothari 等（2009）研究发现媒体报道会影响公司的证券走势波动风险，消极新闻的披露会增加公司的证券走势波动风险，积极的媒体报道会减少公司证券走势的波动风险。Dougal 等（2012）以及 Gurun 和 Butler（2012）对《华尔街日报》的"与市场同步"专栏的新闻进行分析，发现该专栏的报道与证券市场表现在短期内存在因果关系，且进一步发现这些报道的正面倾向与公司市场价值显著正相关，也就是说，新闻报道越正面，企业在证券市场的表现会越好。国内的相关研究起步较晚，直到 2012 年，游家兴和吴静（2012）首次以包括《中国证券报》《证券日报》在内的 8 家全国性财经报纸为研究对象，从投资者情绪的视角研究了新闻对证券市场的影响，发现当新闻报道所传递出的情绪较高涨或较低落时，股票价格更有可能偏离基本价值水平，并且媒体所传递的不同情绪对资产的影响存在不对称性，乐观的媒体情绪更容易推动证券价格向上偏离基本价值，导致股价泡沫产生。黄辉（2013）通过对刊登在《证券日报》上的 915 篇负面报道的研究，发现媒体负面报道有一定的负向市场反应，并且深度的、严重侵害倾向的负面报道引致的市场反应更为强烈。张磊（2017）将《上海证券报》《中国证券报》《证券时报》上刊登的新闻作为研究对象，通过统计新闻报道中正面、负面和中性的情感词汇，确定新闻报道的情绪，并发现其对股价行为有显著影响，同时具有不对称性，当出现对市场持有悲观态度的报道时，股价会受到强烈冲击；反之，股价的变动则相对温和。

随着互联网的发展，出现了投资者可以自由表达心声和分享经验的财经论坛，投资者可以在财经论坛上发表关于某只股票、证券市场、宏微观经济等方面的看法，其他人也可以通过评论回复表达对其支持或者反对的观点，这使得财经论坛逐渐成为汇集和反映投资者集体智慧的完美平台，学者们开始将获取投资者情绪的渠道转移至财经论坛，如雅虎财经、新浪财经、东方财富等。Das 和 Chen（2007）最早探索财经论坛与证券市场之间的关联，他们利用文本挖掘技术提取雅虎财经论坛上的投资者情感，来揭示论坛信息发布与证券市场波动的关联。紧接着，Sehgal 和 Song（2007）同样证明了雅虎财经论坛上的公众情绪与证券市场的关联。Jiang 等（2014）进一步指出，金融危机左右着雅虎财经论坛的讨论主题，并且在危机的不同阶段，投资者情绪与证券市场的关系不同。Li 等（2014b）从东方财富和新浪财经的论坛上获取到了每家上市公司对应的公众情绪，发现公众情绪与财经新闻的结合可以很好地反映证券市场未来的走势。

Sabherwal 等（2011）通过研究 The Lion.com 论坛上的帖子发现，异常高或者异常低的投资者情感指数都会导致较高的市场交易量和波动率。Nguyen等（2015）的研究发现，相比仅使用历史价格数据的模型，加入了雅虎财经论坛中的投资者情绪影响因素的模型表现更优。石勇等（2017）通过对股吧论坛数据、社交媒体数据和财经新闻数据与证券市场波动的比较性研究，发现不同来源的投资者关注和投资者情绪对中国证券市场的影响是不同的。黄创霞等（2020）基于上证指数股吧论坛信息，研究了投资者情绪与市场收益率的关系，发现积极情绪是收益率的格兰杰原因，而消极情绪与收益率的关系不显著。

随着社交媒体对投资者传统沟通方式的改变，投资者不仅成为信息的消费者，更是生产者和传播者，海量信息的产生与快速传播对投资者情绪产生了巨大的冲击，使得社交媒体成为学者们的重点关注对象。Bollen 等（2011）是最受关注的文章之一，他们成功地从 1 000 万条推特信息中提取到投资者情绪，并将其划分为 6 个维度，发现将其中的"冷静"情绪指数推后 3 至 4 天，与道琼斯工业指数的走势有着惊人的重合率，高达 86.7%。Karabulut（2013）发现从脸书信息中提取的国民幸福指数每增加 1 个单位，平均来说，证券市场第二天的收益率会增加 11.23 个单位，但这只是短暂的，将会在未来几个交易日内出现反转效应。Sprenger 等（2014）运用自然语言处理技术分析了微博的 25 万余条推文，发现推文情感与证券市场呈正相关关系。Yang 等（2015）构建了一种从推特信息中提取投资者情绪的方法，发现与一般的社交情绪相比，该方法的表现更加稳定，对证券市场的预见性更高。张书煜等（2015）将微博中获取的投资者情绪划分成六个等级，探讨社交媒体中不同程度的投资者情绪倾向与证券市场收益之间的预测能力和双向反馈关系。张信东和原东良（2017）根据微博信息中提取的投资者情绪构建了"微指数"情绪指标，并揭示了"微指数"与证券市场的相关性。陈玉和李述山（2019）提出了一种基于情感倾向点互信息的微博情感计量方法，证实了微博表达的投资者情感与证券市场间的显著关系。值得一提的是，目前业界已经初步成立了多只基于社交媒体的对冲基金，例如 DCM Capital、Twitter-based Hedge Fund、Cayman Atlantic，这些基金通过分析大量的媒体文本信息来感知投资者情绪和行为以及指导投资，取得了不错的成绩。

综上所述，无论是财经新闻、论坛股吧还是社交媒体，以往的研究都已经有效地证明了不同媒体信息中的投资者情绪与证券市场之间的关联性。但是其中的大部分研究都是基于通用情感词语库来量化情感倾向的，Harvard-IV-4[①] 和 SenticNet[②] 是现有研究中使用最为广泛的两种通用领域情感词库。然而，由于语言的多样性，通用领域的情感词在金融领域中很有可能只是一个普通词语，反之亦然。例如，在通用领域中，"熊"是指一种哺乳动物，而在金融领域通常暗示金融市场行情前景悲观，比如"熊市"，类似的词语还有"过山车""跳水""空军"等等。事实上，Loughran和 McDonald（2011）指出 Harvard-IV-4 通用情感词库中，73.8%的负面情感词语在金融领域都不再表达负面的情感含义，并提出了金融文本情感分析词典（Loughran and McDonald Sentiment Word Lists[③]）。特别是在互联网媒体飞速发展的今天，新词新语不断涌现并得以广泛使用，在不同环境下，即使是相同的词语也可能会表达不同的情感。由于缺乏金融领域的专用情感词库，针对国内证券市场的研究不得不采用人工阅读、判别的方法来提高情感分析的准确率，因此极大受制于样本数量和主观差异性（李培功 等，2010；游家兴 等，2012）。如何利用先进的文本量化分析技术，提高从媒体信息中获取投资者情绪的准确性，也是一道亟待学者突破的阻碍。

2.2.3　本节评述

在大数据时代下，互联网媒体通过对市场信息的收集、分享、传播与扩散，引起投资者情绪的波动，进一步影响到投资者的决策行为。基于投资者情绪与证券市场之间的关系，本节上述内容从投资者情绪的定义与度量和媒体信息中的投资者情绪对证券市场的影响研究两个方面，对相关文献进行了系统性的梳理与总结，为后续的研究奠定了坚实的理论基础。

在投资者情绪的定义与度量方面，传统金融学理论认为投资者应该是完全理性且没有情感的，都是精于判断和计算的，他们所追求的唯一目标是自身经济利益的最大化。行为金融学指出投资者情绪是影响投资决策的重要原因，它认为投资者情绪既是那些与上市公司基本面无关的"信念"，也是对未来预期的系统性偏差。投资者情绪通常被划分为积极情绪和消极

---

① 资料来源：http://www.wjh.harvard.edu/~inquirer/homecat.htm。

② 资料来源：http://sentic.net。

③ 资料来源：https://www3.nd.edu/~mcdonald/Word_Lists.html。

情绪，可以通过直接对投资者问卷调研或利用间接数据估计两种方法对其进行衡量。

在媒体信息中的投资者情绪对证券市场的影响研究方面，已有的研究揭示了不同媒体信息来源所获取的投资者情绪与证券市场之间的关联性。媒体信息是对市场信息的有效补充，引起的投资者情绪是驱动证券市场波动、阻碍股票价格回归合理估值区间的重要因素。对媒体信息的合理分析与投资者情绪的精准表达是探寻证券市场新闻媒体效应的关键。

但是，通过对国内外相关文献的梳理，本书发现以往文献中的投资者情绪获取一般来源于传统的新闻媒体，很少有研究从大数据的视角，更全面地挖掘互联网新闻中的投资者情绪与证券市场波动的关系。此外，合适的文本信息量化技术方法是准确获取投资者情绪的重要途径，选择怎样的投资者情绪度量方法，能够有效保留投资者情绪的影响力，是进一步探索互联网新闻信息对证券市场影响的关键。

2.3 媒体信息的分类、量化方法及媒体与证券市场关系的分析模型研究

作为信息中介，媒体一方面可以增强信息在投资者之间的流通性，降低市场上的信息不对称性，提高资源配置的效率（Engelberg et al.，2012；Healy et al.，2001）；另一方面，媒体能够通过引起投资者的情绪波动改变其投资行为，进而造成证券市场的异常波动。如何有效地利用合适的分析手段，捕捉媒体信息中蕴藏的价值信息与证券市场波动风险之间的内在关系，成为学界和业界的研究热点，其中充满着挑战。这项复杂的任务主要面临三方面的挑战，第一，根据张雅慧等（2012）的研究，不同内容的信息会使投资者产生不同的关注度，从而造成投资者的差异化投资行为。因此，为探索不同媒体信息对证券市场的不同影响力，首要任务是将不同主题的文本内容成功分类。第二，媒体内容主要由文字构成，并蕴含了丰富多样的信息，但绝大多数是非结构化数据，如何将文本信息量化成为模型能够接受的结构化数据，又是一个挑战。第三，构建适合证券市场数据结构的关联分析模型，精准捕捉媒体信息与证券市场波动之间的关联。因此，本节首先探讨将文本信息按主题分类的关键手段，其次介绍提取媒体

中价值信息的关键技术，最后从经济学和计算机科学两个角度回顾洞悉媒体与证券市场关联的分析模型。

2.3.1 媒体信息的分类方法

不同类别的媒体信息内容通过对投资者注意力的不同分配，使其产生差异化的投资行为（张雅慧 等，2012）。因此，异质性新闻对证券市场风险波动的影响程度存在差异性。事实上，早在 1971 年，Niederhoffer（1971）首次尝试研究不同主题的新闻对证券市场的不同影响，他搜集了1950 至 1966 年发布在《纽约时报》上的 432 篇重大新闻，并依据新闻的标题将其人工分为 20 个类别，探索了重大新闻事件以及不同类别的新闻对证券市场的影响程度。刘海飞和许金涛（2017）研究 5 类新闻对证券市场影响力的差异，发现政策扶持类、兼收并购类、再融资类和盈利能力类新闻能够对公司股票产生正向影响，而违规处罚类新闻会对公司股票产生负向影响，且各类新闻影响力的持续时间有所不同。少部分研究从某一类新闻入手研究证券市场的媒体效应，例如，Keown 和 Pinkerton（1981）通过观察并购类新闻发布前后证券市场异常收益率的变动，发现并购类新闻对证券市场的影响共持续 12 天，早在新闻公布前第 11 天就产生了影响，并占据了整个事件窗内累积异常收益的 50%。Asquith 和 Mullins Jr（1986）研究了美国证券市场上 1963 至 1981 年的再融资样本，结果显示再融资消息公布当天，将大大降低相关股票的价格。Sahut 和 Pasquini - Descomps（2015）发现 ESG 新闻对英国证券市场存在一定的影响性，但是对美国和瑞士的市场并没有影响，表明两国的投资者并没有将 ESG 新闻视为评估市场剩余风险的标准。

由于技术的局限性，上述关于异质性新闻对证券市场影响的研究多是依靠人工阅读信息内容的方法，将不同主题的信息进行分类。显然，在大数据时代下，互联网新闻量呈现爆炸式增长，人工阅读判别法已经无法胜任这项庞大的任务。随着人工智能技术的发展，一些学者尝试利用自然语言处理技术对文本内容进行分类。利用机器学习方法来解决文本分类问题始于 20 世纪 90 年代，传统的机器学习算法首先需要将一部分已经分类好的文本交给机器，机器经过训练与学习，得到一个具有最优参数集的分类模型，后续的未知类别的文本便可利用该模型自动分类，从而在保证了文本分类准确性的同时提升了分类的效率。常用的传统的文本分类机器学习方法主要包括 K 最近邻法（Cover et al.，1967）、朴素贝叶斯（Naïve Bayes）（McCallum et al.，1998）、决策树（decision tree）（Lewis et al.，1994）、支持向量机（support vector machine，SVM）（Joachims，1998）。但是这些传统的机器学习方法在前期训练样本的准备工作中依赖大量的人工，需要预先选定一些词语作为关键字，再根据关键字出现的频率判断该文本的类别标签。可见，这种依靠人工标签标注和特征构造的方式同样会耗费大量的人力成本，分类效率受限。在大数据时代，这类文本分类方法在处理海量文本信息时依然显得捉襟见肘。

2006 年，随着深度神经网络（deep neural networks，DNN）被 Hinton 教授的提出，深度学习（deep learning）依靠其能够精准捕捉高维非线性关系的特点，得到了飞速发展与广泛应用，一个典型的案例是围棋机器人 AlphaGo 于 2016 年 3 月以 4 比 1 的比分击败了围棋世界冠军李世石，AlphaGo 的核心算法就是深度学习。将深度学习用于自然语言处理任务的研究起步相对较晚，Mikolov 等（2013a）提出了一种使用前后词语预测中间词语的连续词袋模型（continuous bag-of-words，CBOW），有效实现了对文本数据的训练，并开源了 Word2Vec① 词向量训练工具。Kowsari 等（2017）提出了一种分层的深度学习模型实现了对文本信息的多类分类，并证实了深度学习模型的分类效果优于传统的朴素贝叶斯和 SVM 模型。

上述提到的文本分类技术均是基于英文文本的，由于中文没有明显的词语间隔之分，且句型结构复杂、句式繁多，关于中文文本分类技术的研究具有一定的难度，目前国内正处于快速发展阶段。古万荣等（2016）利用 SVM 模型，从新闻的题材、关键人物、地点等不同维度，成功将《南方日报》和新浪网上 3 年的 11 150 篇新闻分为 23 个类别。周远阳（2012）利用朴素贝叶斯模型，以《南方日报》发布的新闻为研究对象，将 4 000 余篇新闻分为 21 类。周朴雄（2008）分别使用 KNN 算法、SVM 算法和神经网络算法，对互联网文档进行分类，结果显示神经网络算法的准确性优于其他算法。夏从零等（2017）提出了一种基于事件卷积特征的文本分类方法，利用文本的句法结构和词间依存关系抽取出文本中的事件集合，提升了卷积神经网络（CNN）的分类效果。刘高军和王小宾（2020）结合 CNN 和引入注意力机制的长短时记忆网络结构（long short-term memory，

---

① Word2Vec 是指一类将每个词语转化为词向量的模型。

LSTM）来解决新闻文本分类的问题，有效提高了文本分类的准确率。可见，利用先进的人工智能技术，将海量的互联网财经新闻自动分类，能够实现人力成本、时间成本的大幅降低和准确分类效率的大幅提升，是一种可行的方案。

2.3.2 媒体信息的量化方法

如何量化媒体影响力，也就是如何将媒体信息转化成为分析模型能够接受的结构化数据，是证券市场媒体效应研究的核心。传统金融学的"有效市场假说"认为理性投资者能够对市场信息及时做出反应，引起证券价格围绕企业内在价值上下波动（Fama，1965）。近代行为金融学认为投资者是"非理性"的，普遍存在的认知偏差和不完全理性导致其情绪化投资行为的出现，从而形成了各种"金融异象"（Banz，1981；Gultekin et al.，1983；Hirshleifer et al.，2003；Rozeff et al.，1976）。因此，如何准确地量化媒体文本信息中反映经济状况、企业基本面情况或投资者情感的价值信息是研究的关键。目前的量化方法总体上可以归为三种，即数量法、词袋模型法、情感分析法。

（1）数量法

数量法是指统计与研究对象相关的媒体信息发布的数量，用数量的多少来衡量投资者对相关研究对象的关注程度。这种方法起源于早期的经济学领域的研究，由于缺乏合理的量化文本内容的方法，学者往往只能通过对个别媒体报道展开案例研究，或者利用媒体报道的数量作为媒体信息对证券市场影响性研究的衡量指标，利用经济学线性模型研究其与证券市场指标的因果关系。Meulbroek 等（1990）以及 Mitchell 和 Mulherin（1994）都是用每日道琼斯重大新闻的数量来衡量投资者关注度，并得出了相似的结论，即新闻的数量与证券市场交易量和收益率都直接相关。Chan（2003）使用道琼斯互动出版物图书馆中的报刊，将正面报道和负面报道的数量作为解释变量，研究了其与证券市场月度收益率之间的关系，发现负面报道对证券市场能够产生更强的冲击。Fang 和 Peress（2009）收集了美国四家主流媒体的新闻报道，将新闻的数量作为媒体曝光度的代理变量，发现媒体关注度低的股票存在显著的溢价现象。Moat 等（2013）和 Curme 等（2014）发现了企业维基百科网页的浏览频率与证券市场波动的关联。数量法能够在很长一段时间广受学者的欢迎，得益于其简单便捷、易于操作的优势。但是事实上，媒体对证券市场的影响来源于文本内容中的情感倾向诱导投资者产生非理性行为。仅用数量来代表影响力的量化方法过于简化，难以准确地捕捉媒体真实的影响力。随着计算机技术的发展，学者们开始采用先进的文本挖掘技术（如词袋模型法和情感分析法）来有效地提取互联网媒体文本中的重要信息。

（2）词袋模型法

随着信息技术的发展，提取出媒体信息的文本内容成为可能。计算机学者通常利用词袋模型法将文本转化为向量，来捕捉媒体信息的内容与证券市场的关系。其核心思想是忽略文本 T 中的语法和词序，将其视为一个词语的集合，用向量的方式来表达，即 $T = \{t_1, t_2, \cdots, t_i\}$，其中 t_i 表示文中第 i 个词与文章主题的相关度（权重）。Wuthrich 等（1998）首先尝试利用词袋模型法将互联网新闻文本转化为向量，来探索互联网新闻对亚洲、欧洲和美洲主要证券市场的影响。Wang 等（2012）采用相同的方法来研究雅虎财经新闻对股票价格的影响。然而，利用文本中的所有词语来表达文本的中心思想显然会产生过多的"噪音"，类似于"好像""这种""应该""刚好"等与主题无关的的词语会降低模型的量化效果。同时，随着文本信息量的加大，计算负担也会随之激增，可拓展性比较差。因此，学者提出利用文本中的某类词语集合来表达整篇文本的核心内容，从而减少"噪音"和提高算法对海量信息的处理能力。例如，Schumaker 和 Chen（2008）以及 Schumaker 和 Chen（2009b）运用了 4 种不同的词集（全部词集合、名词集合、专有名词集合、和实体名词集合）来量化新闻文本，发现使用专有名词集合的效果最佳。

（3）情感分析法

依据行为金融学，证券市场波动会受到投资者情绪的影响（De Long et al., 1990）。也就是说，投资者的心理可能会受到新闻报道中的专家观点或社交媒体中的同行意见的影响。为了提取文本中的情感因素，学者尝试采用基于词语或句法的情感分析法来量化一篇文章的情感倾向，特别是量化成为正面（积极）或负面（消极）情感的程度来表达新闻内容的方法得到了广泛的应用。例如，Tetlock（2007）和 Tetlock 等（2008）利用哈佛大学的通用领域情感词库 Harvard-IV-4，通过计算《华尔街日报》新闻中的正面词语和负面词语的比例来量化新闻中的情感因素对证券市场波动的影响。王超等（2009）利用文本倾向性算法为每篇新闻打出一个分数来表示其褒贬性及其强度，并将其作为外部变量加入时间序列模型中，有效提高了对证券市场的捕捉能力。Schumaker 等（2012）利用匹兹堡大学研发的情感分析软件 Opinion Finder 得到一篇新闻的情感指数，发现将新闻的名词和情感指数综合考虑会更加有效地刻画新闻和证券市场波动的关联。林培光等（2020）利用一种基于深度学习的情感分析方法从股吧中的股评信息中提取出每天的投资者情感权重，较好地捕捉了其与证券市场走势的关系。

通过上述分析发现，虽然情感分析法已经得到了广泛的应用，但是以往的研究通常是基于运用通用情感词语来量化媒体情感倾向的。事实上，语言的多样性使得通用情感词在金融领域中可能只是普通词语，反之亦然（Loughran et al.，2011）。因此，运用面向财经领域的专业情感词库就显得至关重要。此外，寻找到适用于互联网大数据时代下的海量媒体信息的合理量化手段，也是精准捕捉媒体影响力中举足轻重的一部分。

2.3.3　洞悉媒体与证券市场关系的分析模型

当从媒体文本中提取出有价值的信息，并以结构化的数据呈现之后，需要构建合理的分析模型来研究媒体信息与证券市场波动指标的关系。经济学学者和计算机科学学者开始从不同的视角，利用各自领域的分析模型来探索媒体信息与证券市场的关联。

（1）经济学模型

经济学模型分为数理统计模型和计量经济学模型。数理统计模型通常是通过验证市场波动指标在不同因素影响情况下的假设检验（如 t 检验、Wilcoxon 符号秩检验、Kruskal-Wallis 秩和检验），或通过统计分析影响因素和证券市场波动指标之间线性关系的强度和方向（常用的线性相关性的度量方式包括皮尔逊相关系数、斯皮尔曼相关性系数、肯德尔相关性系数）来判断二者是否相关联。Moat 等（2013）利用 Wilcoxon 符号秩检验发现了企业维基百科网页被浏览的频率与证券市场波动的关联。Zhang（2006）利用皮尔逊相关系数、斯皮尔曼相关性系数发掘出公司规模、年龄与股票价格波动性、现金流量波动性的负相关性。

计量经济学模型不仅关注市场影响因素与证券市场之间的相关性，还致力于探究它们之间的因果关系。经典的计量经济学模型包括现代投资组合理论模型（如马柯维茨的均值-方差模型）（Markowitz，1952）、

Modigliani-Miller 资本结构模型（Modigliani et al.，1958）、Black-Scholes-Merton 期权定价模型（Black et al.，1973；Merton，1973）、资本资产定价模型（Lintner，1965；Mossin，1966；Sharpe，1964）、套利定价理论模型（Chen et al.，1986），以及 Fama 和 French 构造的三因子和五因子模型（Fama et al.，1993，2015）等。例如，Sharpe（1964）、Lintner（1965）和 Mossin（1966）提出 CAPM 模型来研究证券市场系统性风险与期望收益的关系，发现只有投资高风险资产才会收获更高的回报。Fama 和 French 先后提出了三因子（Fama et al.，1993）和五因子（Fama et al.，2015）模型，用市场风险、市值风险、账面市值比风险、盈利水平风险、投资水平风险五个因子来解释股票收益。Black 和 Scholes（1973）率先提出的 Black-Scholes-Merton 期权定价模型指出股价未来的预测值与过去无关，只与价格的当前值有关。事实上，随着自回归差分移动平均模型（autoregressive integrated moving average model，ARIMA）的出现，越来越多的研究证实了证券市场波动的时序性，也就是说当前的输入数据产生的结果受到前序输入数据的影响。例如，Gultekin（1983）利用 ARIMA 探索 26 个国家股票收益与通货膨胀的关系。Bollerslev（1986）提出的广义自回归条件异方差模型（generalized autoregressive conditional heteroskedasticity model，GARCH）在证券市场分析领域被广泛采用。French 等（1987）成功运用 GARCH 模型捕捉到了美国股票市场收益与市场波动的关系。

（2）机器学习模型

在计算机科学领域，通常将证券市场风险波动预测视为机器学习的二分类问题。将 T 时刻的市场信息（如交易数据、新闻报道等）作为输入特征向量，将 $T+1$ 时刻的证券市场波动指标（如股票价格、交易量、换手率、收益率等）分为上涨、下跌两大类，并作为输出量，通过经典机器学习算法［如 KNN、朴素贝叶斯分类、决策树模型、SVM、多核学习（multiple kernel learning，MKL）、传统神经网络］将市场信息分为影响证券市场波动指标上涨和下跌两大类别。新的市场信息特征向量通过和这些已有类别的文本的特征向量相比较，对其进行归类，从而判断其对证券波动趋势的影响。例如，Wuthrich 等（1998）运用 KNN 预测新闻内容对证券市场股指走势的影响。然而，KNN 模型面临样本分布不均匀时，比如关于证券市场的新闻报道大多以利好消息为主，较少出现利空新闻，其预测结果更倾向于判定市场会受到上行压力的影响。Li（2010）利用朴素贝叶斯模型研究公司财务报表与股票价格之间的关联。但是朴素贝叶斯模型要求属性之间相互独立的前提假设对于媒体文本往往无法成立，这给模型的正确分类带来了一定的影响（王守选 等，2012）。Rachlin 等（2007）运用决策树模型探索新闻文本对股价走势的影响，发现其效果优于朴素贝叶斯模型。Mittermayer 和 Knolmayer（2006）利用单核 SVM 来预测新闻对公司股票价格趋势的影响。由于单核 SVM 无法适用于多种类别的数据特征（如新闻文本的特征、公司历史股价数据的特征及其基本面的特征），Shynkevich 等（2016）为了兼顾异构特征，利用 MKL 将多个核函数进行融合，且取得了更好的效果。Bollen 等（2011）利用自组织模糊神经网络模型，成功发现推特中的"冷静"情绪指标的走势和道琼斯工业平均指数的走势有着惊人的相似。

相较于传统的神经网络模型，深度神经网络模型（DNN）具有更多的网络层数，更强大的对现实世界的刻画能力，故其能够更好地捕捉信息对证券市场波动的真实影响。例如，Ding 等（2014）利用深度神经网络（DNN）捕捉新闻事件与证券市场之间隐藏的间接关系，结果表明 DNN 比 SVM 的预测效果更佳。Sim 等（2019）使用卷积神经网络（CNN）探索互联网媒体与历史交易数据对证券波动的影响，发现相比于传统的神经网络，CNN 具有更好的预测性能。事实上，CNN 更优的原因在于其更适用于空间特征分布的输入数据，如以像素格子为特征的图片数据，同样有助于捕捉不同维度（如宏微观经济指标、媒体信息、企业关联状态）的信息之间的相互关联特性。事实上，在证券市场波动风险分析研究中，作为输入数据的市场信息还具备一个重要的特性——时序性，即当前的输入数据产生的结果受到前序输入数据的影响。为此，学者将长短时记忆机制（LSTM）引入深度神经网络中，去研究市场信息与证券市场波动的关系。例如，Akita 等（2016）利用基于 LSTM 机制的递归神经网络（recurrent neural network，RNN）来研究新闻对证券市场的影响。Sun 等（2017）利用 LSTM 模型研究微博上的文本信息对中国证券市场的影响。Zhang 等（2017）利用基于多频率状态记忆的循环神经网络（state frequency memory recurrent neural network）来预测 50 家上市公司的证券波动变化。然而，不同于经济指标因子的定时长特性，上市公司的相关新闻是不定时发布的，媒体因子具备变时长的离散特性。Li 等（2020a）提出了一个事件驱动的 LSTM 模型，通过记忆门和遗忘门机制来平衡多种不同时序间隔的市场因子对证券波动的综合影响。

2.3.4 本节评述

简而言之，基于媒体感知的证券市场波动风险分析研究在技术层面大致可以分为三个方面，即媒体信息的分类、媒体信息的量化、媒体信息与证券市场关系的分析模型。

媒体信息的分类方面，早期的研究多是采用人工阅读判定的方法，根据文章的标题或少有研究根据正文的内容，将媒体信息的主要内容进行分类（Asquith et al.，1986；Keown et al.，1981；Niederhoffer，1971；刘海飞等，2017），需要耗费大量的人力、物力、财力才能完成这项复杂且庞大的任务。随着自然语言处理技术的诞生，非结构化文本信息的自动处理取得了飞速发展，并广泛应用于机器翻译（Och et al.，2002）、自动问答（Soricut et al.，2004）、垃圾邮件识别（Kumar et al.，2016）等领域，以及少部分研究用于通用领域的文本分类（Kowsari et al.，2017；Mikolov et al.，2013a），鲜有研究涉及财经领域的文本信息自动分类。因此，利用先进的自然语言处理技术，完成海量互联网财经新闻文本的自动分类，实现人力成本、时间成本的大幅降低和准确分类效率的大幅提升，是证券市场媒体效应研究的重要前提，也是该领域的必然趋势。

媒体信息的量化方面，传统金融学通常采用数量法，用媒体信息在单位时间内发布的数量来衡量媒体的影响力（Chan，2003；Meulbroek et al.，1990；Mitchell et al.，1994）。虽然数量法因其简单便捷的特性一直被经济学者普遍采用，但是该方法忽略了媒体报道中关于公司的描述性信息对证券市场的影响。计算机学者便提出了词向量法，将文本的词语量化成为结构化数据，用于捕捉媒体报道的内容对证券市场的影响（Schumaker et al.，2008，2009a；Wang et al.，2012；Wuthrich et al.，1998）。不过该方法考虑了所有的词汇，会大大加大计算机运算负担和无用信息对文本主题思想的干扰。行为金融学发现，投资者情感是影响证券市场波动的重要因素（De Long et al.，1990）。因此，大部分学者致力于利用情感分析法提取出媒体信息中的情感性倾向，来探索媒体信息与证券市场的关联，情感分析法逐渐成为目前最为常用的方法。

媒体信息与证券市场关系的分析模型方面，经济学者通常采用数理统计模型或计量经济学模型来研究二者之间的关系。数理统计模型着眼于证实媒体信息与证券市场之间关系的存在性，计量经济学模型着眼于二者之间的因果关系。但是经济学者通常受限于信息技术手段的缺失，难以从大数据的角度来分析问题。随着机器学习技术在众多领域中取得了突破性进展，例如人机博弈（Silver et al.，2016；Silver et al.，2018；Silver et al.，2017）、化学合成（Mennel et al.，2020；Segler et al.，2018）、生物工程（Babayan et al.，2018；Noé et al.，2019），计算机学者尝试将其运用于证券市场风险波动研究领域，从大数据的角度挖掘两者之间复杂的非线性关联（Bollen et al.，2011；Mittermayer et al.，2006；Pinto et al.，2011），使得从微观视角分析信息对证券市场影响的各种局部细微影响模式成为可能。

2.4 本章小结

媒体信息通过传播专家意见或者个人观点，引起投资者情绪的波动，从而使其产生非理性投资行为，最终左右证券市场的波动。本章基于媒体信息对证券市场的作用机理，从理论和技术两个层面完整地梳理和回顾了相关研究文献。

（1）理论层面

第一，证券市场媒体效应存在性的相关理论。传统金融学理论认为，证券市场的波动由"新信息"驱动，投资者依据"新信息"调整投资行为，从而推动证券波动。近代行为金融学者指出，证券市场的波动来源于投资者的非理性行为，而信息又是投资者情绪波动的根源。虽然二者就信息如何影响证券市场波动有着不同的见解，但是都认同证券市场的波动与媒体关于资本信息的发布、传播和吸收紧密相关（De Long et al.，1990；Fama，1965；Rechenthin et al.，2013）。

第二，财经新闻在证券市场风险波动中的作用机理。新闻对证券市场的影响研究起源于学者观察到重大新闻事件的影响力，通过研究突发重大新闻个案或标题来探索新闻的作用机理（Mitchell et al.，1994；Niederhoffer，1971；陶萍 等，2015）。随着信息技术的发展，学者尝试利用计算机技术打破案例研究以偏概全的局面，研究新闻中传达的宏观经济、企业基本面、投资者情感等信息与证券市场的内在联系，并取得了里程碑式成果（Calomiris et al.，2019；Tetlock，2007；Tetlock et al.，2008）。

第三，投资者情绪及其对证券市场的影响研究。行为金融学表明，投资者情绪会对证券市场的波动产生影响。本书通过对投资者情绪与证券市场关系的相关文献的梳理，发现信息中蕴藏的情感性倾向通过媒体的传播被投资者接受、消化，诱导其产生非理性投资行为，进而影响证券市场波动。作者在撰写媒体信息的过程中，因自身利益的影响，难免加入主观看法，造成其与客观事实的偏差，导致非理性投资者形成有偏见的主观情绪，做出不理智的决策，最终影响证券市场的波动。

（2）技术层面

第一，媒体信息的分类方法。早期的研究由于技术的局限性，只能依靠人工阅读信息内容的方法，研究不同主题的媒体信息对证券市场影响的差异性（Niederhoffer，1971；刘海飞 等，2017）。随着人工智能技术的发展，一些学者尝试利用传统的机器学习方法对文本内容进行分类（Joachims，1998；Lewis et al.，1994）。但是随着大数据时代的到来，传统机器学习方法面对大数据依然显得捉襟见肘，深度学习便依靠其能够精准捕捉海量数据高维度、非线性关系的特点，得到了飞速发展与广泛应用（Kowsari et al.，2017；Mikolov et al.，2013a）。

第二，媒体信息的量化方法。早期的研究往往通过对个别媒体报道展开案例研究，或者将媒体报道的数量作为衡量媒体信息对证券市场影响力的指标。考虑到媒体信息对证券市场的影响主要来源于其文本内容，学者们开始采用词向量法来提取文本中的所有词汇信息。但是将所有的词汇都视为重要信息，不但加大了计算机的运算负担，而且产生的噪音信息会严重干扰对文本中心思想的理解。行为金融学发现一篇文章中的情感因素可以有效代表文章的影响力，因此，情感分析量化法成为目前主流的媒体信息量化方法。

第三，洞悉媒体与证券市场关系的分析模型。经济学者和计算机学者分别从不同的角度来探寻证券市场媒体效应。经济学者通常利用经济学模型，例如运用 Kruskal-Wallis 秩和检验、斯皮尔曼相关性系数等统计模型来验证影响因素与市场波动指标的相关性，运用资本资产定价模型、Fama-French 三因子模型等计量经济学模型来挖掘二者之间的内在因果关联。计算机学者则从捕捉二者之间复杂的非线性关联出发，利用传统的机器学习模型或者最近广受欢迎的深度学习模型来捕捉媒体对证券市场影响的深度和广度。

通过对现有文献的梳理，本书发现，第一，已有文献多是研究传统媒体上的新闻报道对证券市场的影响。事实上，互联网时代下的海量财经新闻信息，为帮助我们更接近证券市场波动的本质创造了极大的可能。特别是利用大数据分析手段对海量财经新闻数据进行直接分析，能够实现深层次地揭示互联网财经新闻与证券市场风险波动的关系，这也是本书寻求的突破之处。第二，现有的研究多是笼统地概括媒体新闻与证券市场的关系。事实上，可以从三个不同的层面来探讨其影响力。首先，在媒体层面，不同主题内容的新闻对投资者关注度的吸引力不同，是否会引起投资者在证券市场中的差异化投资行为，导致证券市场受冲击的不同；其次，在公司层面，不同公司具有不同的属性，特别是处于不同的行业，是否会受到投资者不同程度的关注，证券受冲击程度也不尽相同；最后，在管理者层面，有的公司管理者倾向于同外界媒体产生更多的互动，有的管理者则更关注公司自身的经营，那么不同风格的管理者媒体行为是否会引起其公司在证券市场的不同表现。本书将从这三个层面进行进一步的深思和探索。第三，现有研究的分类技术多是基于通用领域的，鲜有研究对财经新闻进行主题分类。同时，多数文献采用的情感分析法通常是基于通用领域的情感词库，缺乏对金融领域的专用情感词库的应用。因此，本书希望寻求更适用于财经新闻信息的文本分类方法和情感量化手段。第四，现有的经济学和计算机学模型缺乏对证券市场数据结构的有效适配。经济学者往往受限于信息技术手段的缺失，多是基于小样本，难以从大数据的角度来探索证券市场波动的本质。虽然计算机学者能够用大数据技术和机器学习模型研究证券市场新闻媒体效应的影响，但是脱离了金融学背景往往使得模型实际应用能力不强。因此，本书希望利用深度学习机制，提出一个智能计算框架，用整体、连续，而非单一的数据关系，研究复杂市场因素对证券市场新闻媒体效应的综合影响，为金融学经典问题的研究提供一个新的视角和技术手段。

3 研究总体设计

第 2 章系统性地梳理与探析了相关领域研究文献在理论研究和分析技术中的贡献与不足。本章在现有研究不足的基础上，根据本书的总体目标，基于全局视角阐明研究的总体框架、研究问题以及技术路线。利用图文结合的表达方式，清晰地展现出本书的逻辑主线与层次结构，为各部分研究的有效衔接和过渡提供保证。

3.1 研究总体框架

本书将按照数据获取、数据处理、互联网财经新闻与证券市场关系的深层细致探索、智能分析模型构建、理论应用五个层面依次展开（如图 3.1 所示）。第一，利用爬虫技术自动获取海量互联网新闻文本数据和证券市场数据；第二，分别采用不同的技术手段对两类研究数据进行处理和整合；第三，从施动者（媒体）层面、受动者（上市公司）层面、公司管理者层面，对互联网财经新闻与证券市场风险波动的关联性展开深层、细致、具体的探讨；第四，基于第三层的研究成果，提出了深度学习框架，用整体、连续，而非单一的数据关系，研究复杂市场因素对证券市场新闻媒体效应的综合影响；第五，为金融市场监管者、上市公司管理者和投资者提供政策建议、治理方案和决策理论依据。

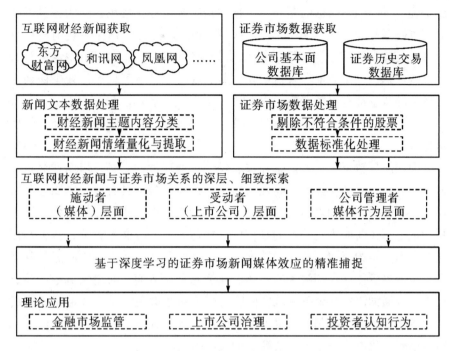

图 3.1　研究总体框架

3.2　研究问题描述

通过对国内外相关文献的梳理，以及对研究总体框架的设计，本小节在正确审视研究过程中可能存在的潜在障碍和需要承担的风险的基础上，厘清了本书可能面临的难点问题，具体而言：

（1）如何高效且准确地获取海量互联网财经新闻

大数据时代下，互联网信息量巨大、更新频率高、传播范围广，互联网财经新闻亦是如此。期望高效、准确、全面地获得各大主流媒体的新闻报道，则需要强大的定向分布式网络抓爬引擎的支持才能实现。数据获取作为本书的基础工作，如何开发出适用于海量互联网新闻信息的抓取工具，是本书面临的第一个问题，其难点主要在于网站的反爬机制[①]、硬件

———————————

　　① 反爬机制是网站为了避免爬虫爬取数据过于频繁，给服务器造成过重的负担导致服务器崩溃而设置的机制。如果触发了反爬机制，将会被禁止访问网站。

成本高、不同网站结构的差异、数据解析精准度等。其中，最为困难的是如何攻破网站复杂的反爬机制，一个稳健的爬取工具需要突破用户代理（UA）高频率访问限制、IP 高频率访问限制、动态加载数据、数据混淆、验证码识别、登录验证、人机身份识别、cookie 限制等难点，其中任何一个环节的疏忽都有可能造成爬虫失效，导致爬虫无法继续访问网站。

（2）如何根据互联网财经新闻文本的特征，合理设计主题分类与情感量化方法

面向海量数据的文本信息筛选、识别、处理过程，必须借助计算机技术来完成，以保证研究的准确性与效率。财经新闻多具有短文本属性和特定的文本特征，例如表达简明扼要、信息量大、书面用语多、金融领域专用词汇多。在新闻主题分类的过程中，如何高效捕捉文本特征，找到适用于短文本分类的新闻文档识别技术，最大化区分文本所表达中心思想的类别，是本书亟待探讨和解决的问题。在情感量化方面，通用领域中的情感词或者普通词语，在金融领域中的含义皆有可能改变，基于普通情感库的量化方法对证券市场刻画深度不足。因此，寻找针对证券市场新闻信息的特定情感量化方法是本书需要解决的又一问题。

（3）如何更深层、细致、具体地分析互联网财经新闻与证券市场关联性

虽然已经有较多文献探讨了新闻对证券市场的影响，但是尚未从大数据的角度探索异质性新闻在证券市场中的不同作用、不同行业公司受新闻冲击程度的差异性，以及上市公司管理者行为在证券市场媒体效应中扮演的角色。探究这些问题的落脚点主要在于针对不同情况采用更合理的分析方法，这也是本书的首要问题。在金融学领域，对于信息影响性的分析，有多种方法（模型）能够揭示研究对象之间的内在关系。从中选择恰当的分析方法，从施动者（媒体）、受动者（公司）和管理者三个角度，更深层和细致地揭示证券市场媒体效应的具体表现，是本书需要解决的关键问题。

（4）互联网财经新闻对证券市场的精准量化分析问题

目前，计算机领域所研发的面向证券市场风险波动的智能分析模型往往脱离了金融学背景，尝试构造出一种能够普遍适用于整个证券市场的同

质化算法①。事实上，证券市场的波动是受到外界因素和上市公司自身属性等多方面因素综合影响的结果，"大而全"的通用智能交易模型难以完成对证券市场波动更细微、更精准的捕捉。因此，本书面临的又一问题是，如何根据不同影响因素在证券市场风险波动中的不同作用机制，以"分而治之"的指导思想来构建更具有指向性、更稳健、更精准的智能分析模型，从而弥补传统交易策略大而全、应对特殊情况处理能力不足的缺陷。这个问题的解决，不仅意味着本书在技术方面的突破，也对本书的落地应用具有积极的意义。

3.3　研究技术路线

为达到本书的研究目的，确保本书的研究切实可行，本节基于总体研究视角，针对上节阐述的四个研究问题，围绕"互联网财经新闻获取、主题判别与量化—证券市场媒体效应的多维深入探索—智能风险分析模型的精准捕捉"逻辑主线，构建出本书的总体技术路线（如图3.2所示），具体而言：

（1）互联网媒体中海量财经新闻的抓取与处理

随着信息技术的发展，利用先进的网络信息抓爬技术获取海量互联网信息成为可能。本书设计了面向互联网财经新闻的数据自动获取方案——网络定向分布式抓爬器。主要涉及以下关键技术手段：第一，利用 Scrapy 爬虫框架简化整个爬虫代码实现的过程，并且做到动态处理验证码识别和突破用户代理（UA）高频率访问限制；第二，将 Scrapy 模块与 Redis 任务队列对接，实现分布式爬虫，来提高数据获取效率；第三，通过 Pyppeteer 工具来控制浏览器，特别是模拟用户操作浏览器的过程，避免被网站的反爬机制检测到是机器行为而禁止浏览网页，并且可以成功应对动态加载数据和数据混淆机制；第四，利用动态隧道代理方法实时更新爬虫所用的 IP 地址，来避免单一 IP 地址对网站的高频率访问而被限制；第五，利用网络

---

　　① 根据中国人民银行、中国银行保险监督管理委员会、中国证券监督管理委员会、国家外汇管理局联合发布的《关于规范金融机构资产管理业务的指导意见》要求，金融机构应当根据不同产品投资策略研发对应的人工智能算法或者程序化交易，避免算法同质化加剧投资行为的顺周期性，并针对由此可能引发的市场波动风险制定应对预案。因算法同质化、编程设计错误、对数据利用深度不够等人工智能算法模型缺陷或者系统异常，导致的羊群效应、影响金融市场稳定运行的，金融机构应当及时采取人工干预措施，强制调整或者终止人工智能业务。

信息解析手段，从所有网页中提取出本书所需的关键信息。另外，在数据预处理过程中，抓爬器利用 SimHash 编码算法将每篇新闻转换为用 0 和 1 表示的"指纹"数字串，通过对字符串相似度的比较来寻找相似的新闻，然后仅保留其中最早发布的新闻，最终将新闻存入数据库形成互联网财经新闻信息库。具体的实现方法与过程将在本书的第 4 章详细描述。

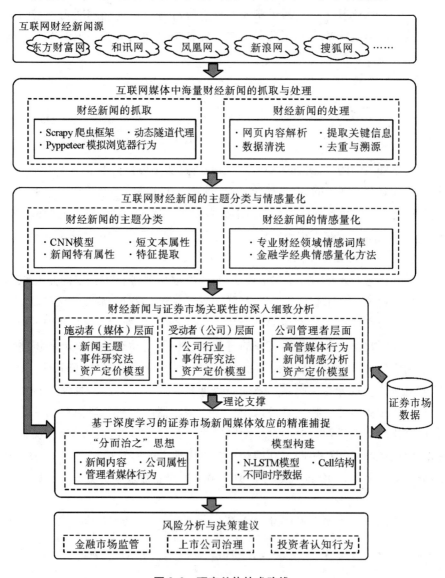

图3.2 研究总体技术路线

（2）互联网财经新闻的主题分类与情感量化

财经新闻的主题分类方面，首先采用基于 Python 计算机编程语言的 Jieba 分词技术将整篇新闻切分成为一个个词语，删除其中没有实际含义的停用词（如连词、副词、语气词等）后，构建出一个包含新闻中所有词语的语料库；其次，采用基于 Word2vec 技术的特征提取方法将语料库中的每个词语用词向量来表示，成功将词语转化成为计算机可以识别的结构化数据；再次，将一篇新闻中的所有词语的词向量拼接成为文本向量矩阵，用来表达整篇新闻的语义；最后，将每篇新闻的文本向量矩阵作为深度学习模型卷积神经网络（CNN）的输入量，将每篇新闻进行分类，在此过程中，本书采用半监督式的机器学习方法，以更好地大规模标记未分类的新闻。互联网财经新闻的情感量化方面，本书采用金融学的经典情感量化方法，即通过量化新闻中正向和负向情感词的比例来代表一篇新闻的情感，这种简单而有效的框架得到了学者们的广泛采纳（Chen et al.，2020；Tetlock，2007；Tetlock et al.，2008），该方法同样适用于大数据的计算。

（3）财经新闻与证券市场关联性的深入细致分析

本书从施动者（媒体）、受动者（公司）和管理者三个层面，从大数据的角度对证券市场新闻媒体效应展开一系列深入且细致的探讨。在施动者层面，本书采用事件研究法，通过观察 7 类新闻（公司高管类、政策类、运营与业绩类、持股变动类、重组并购类、ESG 类、违规处罚类）发布前后证券市场的异常收益率，来探讨不同主题的新闻的影响力，此外将新闻情绪因子引入资本资产定价模型（CAPM）和 Fama‑French 三因子（FF3）模型，来探索不同主题新闻中表达的情感性倾向与证券市场的关系。在受动者层面，本书根据证监会《上市公司行业分类指引》，将研究对象分为 17 个行业，利用事件研究法探究新闻对各行业上市公司的作用机理，以及利用 CAPM 和 FF3 模型研究新闻情感因素对不同行业的公司的影响。在管理者层面，本书首先将公司高管的媒体行为通过计算公司高管相关新闻的出现频率分为高曝光和低曝光；其次通过观察 CAPM 和 FF3 模型中的高管曝光与新闻情感因子的交乘项，来度量高管的媒体行为对证券市场媒体效应的影响方向与程度。

（4）基于深度学习的证券市场新闻媒体效应的精准捕捉

本书进一步提出一个深度学习框架，用整体、连续，而非单一的数据关系，研究复杂市场因素对证券市场新闻媒体效应的综合影响。对于现有的智能分析模型"大而全"的缺陷，本书在对财经新闻与证券市场的关联性进行深入细致分析的基础上，提出"分而治之"的指导思想，从三个维度（施动者、受动者、管理者）提升人工智能模型在不同情况下对证券市场风险波动的捕捉能力，实现对互联网媒体影响力更细微、更精准的刻画，克服智能模型在证券市场产生巨大内部变化或突发外界干扰时应对能力不足的弊端。本书利用基于互联网财经新闻驱动的 LSTM 证券市场风险波动捕捉模型 N-LSTM，同时将上市公司基本面信息、证券市场交易信息和新闻情感信息这些时序数据作为 LSTM 模型的输入，利用模型特有的包含三个门（输入门、遗忘门、输出门）的细胞结构，选择性地控制数据在整个神经网络中的走向。因此，模型不仅能够考虑基本面信息、证券市场交易信息和新闻情感信息三类输入信息的当前状态，也会将三类信息的上一状态经过一定的衰减纳入模型中，成功捕捉了市场信息数据的重要时序特性，即当前的输入数据产生的结果受到前序输入数据的影响。

3.4　本章小结

本章基于上一章文献综述的研究成果，规划出本书的总体设计，包括构建研究总体框架、梳理研究过程中可能存在的主要难点问题，以及提出解决这些问题的总体技术路线。通过对各研究重点内容的梳理和介绍，直观地展示本书中所涉及的整体编排和技术形式，疏通和厘清了本书的脉络。总体而言，本章从宏观层面对本书进行了系统性的规范和指导，本章为接下来的三个子研究沿着"互联网财经新闻主题判别与量化—证券市场媒体效应的多维深入探索—智能风险分析模型的精准捕捉"的逻辑主线顺利推进提供了有力支持。第 4 章将围绕互联网财经新闻信息的自动获取、主题分类和情感量化问题展开研究。第 5 章将利用经济学研究方法，从不同的新闻主题、不同的公司属性和不同的公司管理者媒体行为三个层面，深入细致地探索财经新闻与证券市场的关联性。第 6 章将在第 5 章的研究成果之上，利用机器学习的方法研究财经新闻对证券市场波动影响的深度和广度，提升 LSTM 模型在不同情况下对证券市场风险波动的捕捉能力。第 7 章分别从金融市场监管、上市公司治理、投资者认知行为等市场参与者的角度，对不同市场主体给予指导和建议。

4 互联网财经新闻的自动获取、主题分类与情感量化

　　第3章基于全局视角，阐明了本书的总体框架、研究问题以及技术路线，并明确了本书的逻辑主线，即"互联网财经新闻获取、主题判别与量化—证券市场媒体效应的多维深入探索—智能风险分析模型的精准捕捉"。本章为研究逻辑主线的起始工作，将完成互联网财经新闻的自动获取、主题分类与情感量化三部分工作，力图为后续研究的顺利展开，以及研究结果的有效性和可信度奠定坚实的数据基础。

　　互联网财经新闻具有信息量巨大、更新频率高、传播范围广、速度快等特点，对于海量互联网财经新闻数据的获取与处理，依靠人工的方法显然已经无法完成，必须借助计算机的强大计算能力来自动完成数据的获取、文本主题的分类与情感量化工作。因此，本章首先基于海量数据的视角探讨互联网财经新闻的自动获取方法，通过定向分布式网络抓爬引擎实现信息的自动爬取，并利用先进的文本处理技术将文本清洗、去重和溯源，最终完成互联网财经新闻库的构建；其次，利用机器学习的方法，按照不同的主题内容，高效且准确地将财经新闻自动分为公司高管类、政策类、运营与业绩类、持股变动类、重组并购类、ESG类、违规处罚类7类；最后，采用金融学的经典情感分析方法实现新闻内容的情感量化，将新闻的文本内容转化成为机器能够理解的结构化数据。

　　总体而言，互联网财经新闻的获取、分类与量化是本书的重要基础工作，每一个环节的高准确性与高可信度是后续探索新闻影响力的充分保证。因此，为避免人工方法的主观性偏差和工作的低效，本书采用机器学习的方法提升文本分类的准确度与效率，并采用金融学经典方法实现对文本情感的自动量化。

4.1 互联网财经新闻的自动获取

进行基于大数据的互联网财经新闻对证券市场的影响力研究的重要前提是需要具备高质量、大体量的研究数据。因此，如何高效、准确地获取到研究所需的大数据是本书首先要解决的关键问题。本书首先对获取互联网财经新闻的定向分布式互联网抓爬框架进行详细介绍，其次对获取到的互联网财经新闻进行描述性统计分析。

4.1.1 互联网财经新闻的自动获取框架

目前，随着互联网媒体的高速发展，涌现出大量的受投资者欢迎的财经新闻网站，包括东方财富网、新浪财经网、和讯网、金融界、凤凰网等等（东方财富网的新闻报道截图如图4.1所示）。这些网站普遍存在更新频率高、网站信息结构化不统一的特性，使用一般的爬虫程序无法高效准确地捕捉实时发布的新闻，且无法适用于各个网站的不同呈现信息的框架和方式。本书针对财经网站的特性，设计出定向分布式网络抓爬框架，该框架具有四个特点：第一，基于 Scrapy 基础模块，实现本书爬虫框架的基本功能；第二，Scrapy 模块与 Redis 任务队列对接，实现分布式爬虫来提高数据获取效率；第三，嵌入 Pyppeteer 工具来模拟用户操作 Chrome 浏览器的行为来规避网站的反爬机制；第四，通过动态隧道代理，来防止因为单一 IP 地址对网页高频率访问而导致 IP 地址被禁止。当获取到网页信息之后，该框架嵌入数据预处理模块，利用一系列数据处理技术将网页中的关键信息处理成为规范的数据格式，最终构建好互联网财经新闻信息库。数据获取的整个流程实现了全自动、高效、准确，具体的新闻数据采集和预处理的技术路线如图4.2所示。

在数据来源层面，本书在前期对证券市场媒体效应相关领域的上千篇文献进行全面综述的基础上，梳理与总结了最受投资者欢迎的中国36个主流财经网站（见附录），本书从这些网站中追踪并获取数据。

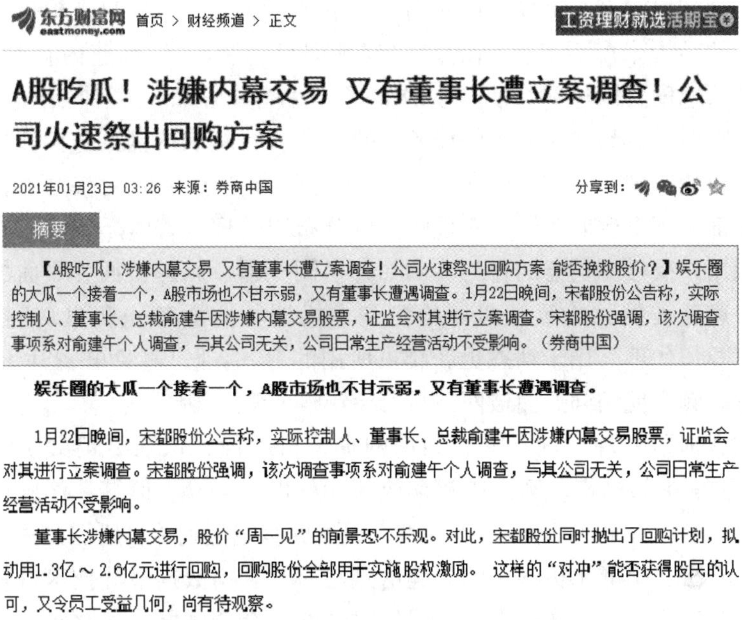

东方财富网 eastmoney.com 首页 > 财经频道 > 正文 工资理财就选活期宝

A股吃瓜！涉嫌内幕交易 又有董事长遭立案调查！公司火速祭出回购方案

2021年01月23日 03:26 来源：券商中国 分享到：

摘要

【A股吃瓜！涉嫌内幕交易 又有董事长遭立案调查！公司火速祭出回购方案 能否挽救股价？】娱乐圈的大瓜一个接着一个，A股市场也不甘示弱，又有董事长遭遇调查。1月22日晚间，宋都股份公告称，实际控制人、董事长、总裁俞建午因涉嫌内幕交易股票，证监会对其进行立案调查。宋都股份强调，该次调查事项系对俞建午个人调查，与其公司无关，公司日常生产经营活动不受影响。（券商中国）

娱乐圈的大瓜一个接着一个，A股市场也不甘示弱，又有董事长遭遇调查。

1月22日晚间，宋都股份公告称，实际控制人、董事长、总裁俞建午因涉嫌内幕交易股票，证监会对其进行立案调查。宋都股份强调，该次调查事项系对俞建午个人调查，与其公司无关，公司日常生产经营活动不受影响。

董事长涉嫌内幕交易，股价“周一见”的前景恐不乐观。对此，宋都股份同时抛出了回购计划，拟动用1.3亿～2.6亿元进行回购，回购股份全部用于实施股权激励。 这样的“对冲”能否获得股民的认可，又令员工受益几何，尚有待观察。

图 4.1　东方财富网新闻报道网页截图①

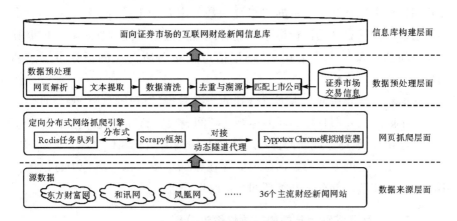

图 4.2　数据获取方案技术路线

在网页抓爬层面，本书考虑到财经新闻网站特点，设计了定向分布式爬虫框架，实现了针对不同的网页信息结构都能够自动识别与获取 HTML 页面。该框架包括：①Scrapy 通用性爬虫框架。Scrapy 集成了爬虫的基本

① 东方财富网的新闻报道网页一般含有标题、发布时间、作者、摘要、来源、正文等关键信息。其他网站的关键信息与东方财富网大同小异。

功能，例如提取网页链接、访问网页、下载网页等，本书只需根据不同新闻网站的结构来配置各网站的提取规则即可。②Redis 高速内存数据库。它是读写速度可以达到每秒 10 万次的超高性能数据库，在本框架中主要用于储存临时性、高频次访问的任务队列（所有待爬取的网页链接任务队列和已爬取的队列），利用 scrapy-redis 库将 Scrapy 与 Redis 对接之后，将爬虫程序部署于多台服务器，实现爬虫的分布式处理。③Pyppeteer 工具。用来模拟用户操作浏览器的行为，例如开启浏览器、新建页面、页面加载等操作，避免被网站的反爬机制检测到是机器行为而禁止爬虫访问网页。④动态隧道代理。用于动态更新爬虫所用的 IP 地址，避免单一 IP 地址对网站过高频率地访问，而被网站封禁导致整个爬虫瘫痪。

在数据预处理层面，首先利用网页解析手段，识别出爬虫获取到的 HTML 页面中的标签，例如通常存放新闻标题的<title>标签，存放日期的<span>标签，存放正文的<div>标签，通过标签定位到本书所需关键信息的位置。其次，提取出标签中的关键信息之后，利用数据清洗技术将其中的脏数据进行剔除。再次，由于不同的财经网站会转载同一条财经新闻，故需对已获取的信息进行文档去重和溯源追踪，通过 SimHash 编码算法将每篇新闻转换为用 0 和 1 表示的"指纹"数字串有助于进行对比去重，对最早时间发布的信息文档进行标记。最后，在文档去重溯源处理后，依据其发表时间和涉及的上市公司[①]，标记信息发布时所对应的证券市场波动趋势。

在信息库构建层面，本书将得到的干净数据，包括股票代码、股票名称、发布网站、发布日期、新闻标题、新闻摘要、新闻正文，储存于 MongoDB 数据库，最终形成面向证券市场的互联网财经新闻信息库。MongoDB 数据库采用集合的方式将数据分组储存在数据集中，每个集合中可以包含不限数量的文档，储存文本类新闻数据时性能极高。

4.1.2 互联网财经新闻的描述性统计分析

本书在构建定向分布式互联网财经新闻抓爬框架之后，爬取了 2015 年

---

① 依照 Tetlock 等（2008）的方法，如果公司名称在报道标题中被提及一次或者在主体内容中被提及两次以上，该报道就归为该公司信息。

1月1日至2017年12月31日近351万条原始新闻数据，经过数据预处理①，最终保留2 553家上市公司的约114.8万条与上市公司相关的有效互联网财经新闻数据。本节将针对"面向证券市场的互联网财经新闻信息库"的构建结果，进行描述性统计分析。

从互联网财经新闻发布的总体数量来看（如图4.3所示），呈现逐年上升的趋势，2017年第四季度有11.9万条新闻，是2015年第一季度6.2万条新闻的1.9倍，在短短三年时间内几乎翻倍，说明随着互联网媒体的发展，媒体信息表现出爆炸增长的态势，成为证券市场的重要风险源。此外，每年的第二季度新闻数量最多，可能是因为4月30日是上市公司发布年报的最后截止日期，多数公司选择在4月发布年报，相应的新闻事件数量会随之增长。

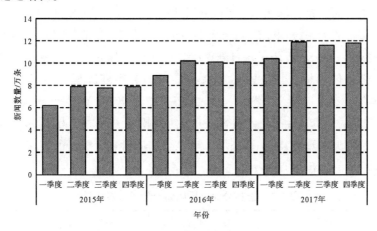

图4.3 互联网财经新闻发布数量趋势

从互联网财经新闻的发布网站来看（如图4.4所示），新闻发布数量最多的网站是新浪财经（占14.78%），其次是同花顺财经（占8.78%），再次是中金在线（占7.44%），然后是凤凰财经（占5.75%），再往后依次是东方财富网、网易财经、和讯网、搜狐网，除这些网站之外，其他28家财经网站发布新闻的数量占全部新闻的45.21%。

---

① 数据预处理指利用数据清洗技术剔除空值和杂乱数据，利用去重与溯源技术来删除重复新闻和标记最早的新闻。因为多数新闻都未涉及具体的上市公司，所以在匹配上市公司股票名称和股票代码的过程中，本书删除了近90万条无效新闻。

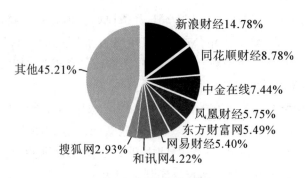

新浪财经14.78%

同花顺财经8.78%

中金在线7.44%

凤凰财经5.75%

东方财富网5.49%

网易财经5.40%

和讯网4.22%

搜狐网2.93%

其他45.21%

图4.4　新闻发布数量

从上市公司互联网财经新闻发布的数量分布情况来看（如表4.1所示），深市的新闻数量是671 206条，沪市是476 346条，深市新闻量大于沪市的主要原因是，深市有1 612家上市公司，多于沪市的941家；平均来看，深市的上市公司在研究期间平均每家有416.38条新闻，反而少于沪市的506.21条，上市公司每日新闻平均数量亦是如此，可能原因是沪市包含中小板和创业板公司，媒体对这些公司的关注度较低；从两市总体来看，共有2 553家上市公司，其2015—2017年相关财经新闻数量共1 147 552条，平均每家公司449.49条，平均每天发布1 047.99条新闻，每家公司每天平均有0.41条新闻。可见，高质量和大数量的新闻数据为本书的后续研究提供了强有力的支撑。

表4.1　上市公司互联网财经新闻数量统计

指标	沪市	深市	两市
新闻总数/条	476 346	671 206	1 147 552
上市公司数/家	941	1 612	2 553
上市公司新闻平均数量/条	506.21	416.38	449.49
每日新闻平均数量/条	435.02	612.97	1 047.99
上市公司每日新闻平均数量/条	0.46	0.38	0.41

4.2 互联网财经新闻的主题分类

当获取到海量互联网财经新闻数据之后，为了从不同的新闻主题深入、细致地探索互联网财经新闻与证券市场的关联性，需要将上百万条新闻进行高效、准确的分类。传统的分类方法通常依靠人工阅读新闻文本（Niederhoffer，1971），按照不同的主题将其分类。然而，在信息高速发展的今天，互联网新闻呈爆炸式增长，人工法显然无法完成这项艰巨的任务。幸运的是，随着人工智能技术的进步，利用 K 最近邻法（Cover et al.，1967）、朴素贝叶斯（McCallum et al.，1998）、决策树（Lewis et al.，1994）、支持向量机（Joachims，1998）等传统机器学习的方法，完成文本自动分类任务成为可能。但是，为了提升模型分类的效果，需要人工来寻找特征提取的规则，以及需要大量的训练样本，依然要耗费大量人力。

为此，本书利用深度学习方法，通过大数据来自动学习文本特征，避免采用基于人工规则提出特征的方法，且能够刻画数据丰富的内在信息；此外，采用半监督式的学习方式，仅需要少量的训练样本便能达到训练模型的效果，减少了前期人工标记训练样本的工作量。本书最终成功地将115 万条财经新闻自动分为公司高管类、政策类、运营与业绩类、持股变动类、重组并购类、ESG 类、违规处罚类 7 类，本节将对互联网财经新闻文本自动分类的实现过程和分类效果做出详细阐述。

4.2.1 文本分类的流程与思路

自然语言处理技术是人工智能皇冠上的明珠，是一门融语言学、计算机科学、人工智能于一体的科学，它致力于用计算机从海量信息中准确提取有价值的信息，是节省人力资源、提升工作效率的重要技术手段。本书利用自然语言处理技术，实现互联网财经新闻信息的自动分类。本节通过对已有文献的总结与分析，清晰地将文本分类的实现过程梳理成为四个部分，即文本预处理、特征提取、文档表示和分类模型，在对每个部分的技术特点深刻理解的基础之上，选择适合本书关于互联网财经新闻文本分类的方法。

（1）文本分类的实现过程

基于机器学习模型的文本分类方法是现如今最为流行的文本分类方法。一般的文本分类流程如图 4.5 所示，共分为四个步骤：首先是文本预处理阶段，主要包括分词和去除停用词两个环节，目的是将一篇文本切分为单个词语，并剔除其中对表达文本中心思想没有作用的词语；其次是特征提取阶段，是指利用计算机提取文本中属于特征性信息的方法及过程，主要包括词频法、信息增益、卡方检验、Word2vec 等方法；再次是文档表示，是指将文本内容用一系列的特征来表示，转化为计算机可以理解的数据，主要包括离散表示和分布表示两种方法；最后是分类模型，也就是利用表征好的文本信息训练模型的参数，以找到最适合的模型，常用的模型可以分为传统机器学习模型和深度学习模型。本章后面部分将在借鉴以往研究经验的基础上，从这四个方面进行详细梳理与总结，寻找适合本书的研究方法。

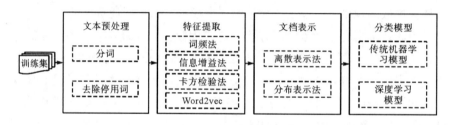

图 4.5 文本分类流程

（2）文本预处理

文本预处理主要包括两个步骤，即分词和去除停用词。分词也就是将语句切分成词，将文本处理为独立的特征，常见的分词技术包括基于词典匹配、基于语义和句法以及基于统计互信息等技术方法（Glavaš et al., 2016）。去除停用词方面，主要是将文中高频出现的连词、副词、语气词、代词等没有实际含义的词语去除，因为这类词不但会增加文本表示的维度，而且对文本分类没有任何作用。因为文本预处理不是本书的重点，所以本书选用简单而有效的基于词典匹配的 Jieba 分词器完成分词，以及利用停用词表删除文本的停用词。

（3）特征提取

文本分类的效果高度依赖文本特征提取的好坏，常用的特征提取方法主要有词频法、信息增益法、卡方检验法、Word2vec 等。词频法是通过计算词语在文档中出现的频率来判断词语的重要性，从而进一步判断文本的类别，这类仅考虑词频的方法显得过于简单，而且忽视了词与词之间的联系（Azam et al.，2012）。信息增益法是通过计算特征词对文本信息熵的改变程度来进行选择，此方法对于某些出现次数少，但是非常重要的词，会出现漏判的情况（Shang et al.，2013）。卡方检验法是以卡方分布为基础，描述特征词与类别的独立性，但是对低频词的区分效果不好（Pandis，2016）。近年来，Word2vec 成为自然语言处理领域的研究热点。Word2vec 根据文档上下文词语之间的联系，将每个词语都用不同的向量来表示，向量维度少且通用性强，相比传统特征提取方法，Word2vec 的优势和效果逐渐得到了众学者的认可（Ombabi et al.，2017；董文，2015；黄仁 等，2016）。因此，Word2vec 更适合本书的互联网财经新闻文本的特征提取。

（4）文档表示

文档表示的方法主要分为离散表示法和分布表示法。离散表示法中最常见的是词袋模型，该模型忽视文档中词语之间的联系，将其视为一个无序的词集，词语间彼此独立，将词集中的每个词与一个包含所有词汇的词表相匹配，文档转化成为与词表等长的向量，向量中的数值是词语在文档中出现的次数，对应的数字记为词语在该文档中出现的频次，若没出现则记为 0（Zhang et al.，2010）。由于词表中通常有上万个词语，文档向量存在高维度的问题。另外，每篇文档仅有小部分词语出现在词表中，导致文档向量中绝大多数都是 0，也就是存在高稀疏性的问题。针对这两个问题，分布表示法首先将词表中每个词语都表示为 n 维稠密、连续的实数向量，然后通过词向量之间的组合、计算来表示一篇文档（Mikolov et al.，2013b）。这种表示方式不仅建立了词与词之间的联系，而且更有利于信息在神经网络中的传播。分布表示法逐渐成为深度学习分类模型的重要前提基础，因此，本书采用分布式的文档表示方法来为后续的深度学习分类模型提供坚实的保障。

（5）分类模型

完成上述文档表示之后，文本信息就转换成了计算机可以理解的结构化数据，最后一步便是文本分类的模型选择。现有的模型主要为传统机器学习模型和深度学习模型，传统机器学习模型以朴素贝叶斯模型、K 最近邻法、支持向量机等为代表，这类分类器以监督学习为基础，使用文本特征向量，捕捉文本间的泛化关系（Cover et al.，1967；Joachims，1998；

McCallum et al., 1998）。深度学习的出现极大提升了分类系统对文本的理解深度，特别是卷积神经网络得到了广泛的认可，该模型的优势来源于其卷积层和池化层，卷积层使得权值共享成为可能，池化层对卷积层的输出进行降采样，减少了下面一层数据的维度，使 CNN 具备"不变"特性（如平移和旋转不变性）。不难理解，CNN 的"不变"特性适用于具备空间特征分布的输入数据，如以像素格子为特征的图片数据等。因此，本书将采用卷积神经网络模型，来更好地捕捉文本词语之间的相互关联特性，增强互联网财经新闻文本分类的可靠性与准确性。

4.2.2 互联网财经新闻的主题自动分类技术路线

通过上节对文本分类过程的梳理，在先前研究的基础上，本节针对互联网财经新闻主题分类的难点和要点，提出一套基于海量互联网财经新闻主题分类的完整实施方案。本节首先提出互联网财经新闻的主题自动分类技术路线图，阐明 115 万条财经新闻数据的自动分类技术实现思路；其次，具体分析包括文本预处理、特征提取、文档表示、分类模型在内的分类实现过程中的细节问题。

互联网财经新闻的主题自动分类技术路线如图 4.6 所示，主要包括以下过程：

①将已标记类别的训练样本、验证样本和测试样本完成分词和去除停用词的文本预处理工作。

②利用基于 Skip-gram 特征表示语言模型建模，将三种样本中涉及的每个词语转化为 Word2vec 词向量，并组成词向量库。

③将预处理后的三种文本通过 Word2vec 词向量库转化成为低维数值向量。

④利用训练集来训练基于 CNN 的互联网财经新闻主题分类模型（CNN 模型）。

⑤利用验证集来调整和指导 CNN 模型的结构（超参数）。

⑥利用测试集来评估 CNN 模型的效果和泛化能力。

⑦利用已经训练好的 CNN 模型，对待分类的新闻进行主题类别判断，最终实现所有新闻的主题分类。

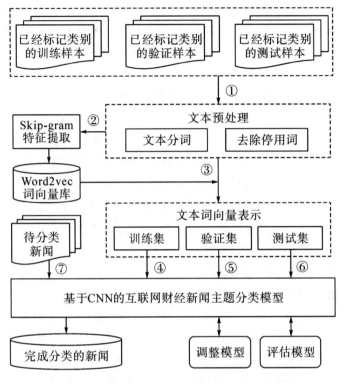

图 4.6 互联网财经新闻的主题自动分类技术路线

基于互联网财经新闻的主题自动分类技术路线图直观表现了本书在互联网财经新闻主题分类方面的逻辑理念。自动分类路线主要包含两部分内容：首先将每篇新闻转化成为可计算、分类模型可识别的结构化数据；其次利用深度学习模型将财经新闻按照主题进行分类。以下内容将围绕技术路线图进行具体详细的介绍。

（1）文本预处理

①中外分词。本书采用 Python 计算机编程语言的 Jieba 开源库进行分词，针对新闻领域以及面向上市公司的专业领域文本特性，对该库中精确分词模式下的词典进行简单扩充，以实现对本书的财经新闻更专业的分词效果。具体而言，在 Jieba 的词典库 dict. txt 中包括的 3.5 万个词语的基础上，扩充以下一系列未登录词：黑牡丹、海王生物、黑芝麻、七匹狼、梦百合等上市公司名称；五菱宏光、东风小康、比亚迪、玛莎拉蒂等汽车品牌；中信证券、国泰君安、巴菲特、支付宝、银保监会等财经领域专业名词。

②去除停用词。其目的主要在于减少文本的冗余，提升文本分类的准确率。本书所采用的停用词库将目前网络上较为流行的词库集合而成，具体包括两部分内容，首先是文本中的空白字符串以及全半角之间的转化；其次是标点符号、特殊符号以及没有具体含义的词语，例如"我、你们、啊、哈"。显然，这些内容对于后续的主题分类没有什么价值。

（2）特征提取

在文本的特征提取问题中，传统的提取方法依赖专家对特定领域的认知程度，本质上是利用人的经验通过判断特征的重要程度来人工提取，一定程度上存在主观偏见或特征不完全的缺陷。本书引入词向量的概念，基于 Word2vec 中的 Skip-gram 特征表示语言模型建模，将词语转化为词向量的同时可以保留词与词之间的联系，也就是说，将含义非常近的词语嵌入向量空间中非常近的位置，实现文本中词粒度与句子粒度的转换。

Word2vec 词向量的获取方式一般有两种，一种是采用开源的全局词向量库，这种词向量库基于全网超大规模的语料库训练得到。另一种是通过自己的语料库训练，得到某个领域中的局部词向量库。由于本书所需处理的是财经新闻领域的文本分类问题，所以本书采用自己的互联网财经新闻语料库进行词向量库的训练，构建的词向量库更适合该问题领域。

本书所采用的 Skip-gram 特征表示语言模型是一种基于前馈神经网络的无监督①训练算法，用来实现词向量的分布式表示，通过映射关系实现词与词之间的位置关系来反映它们在文本层面的语义关系。不但各词语在空间中的关系保持唯一，而且词向量的维度可以根据后续的分类模型自行设置。Skip-gram 模型的结构有输入层、隐层和输出层，基本原理为给定词语 w_t，来预测当前词语的前后词语 w_{t-2}，w_{t-1}，w_{t+1}，w_{t+2}。本书经过对训练集、验证集和测试集的预处理，得到包含所有（27 583 个）词语的词表，输入层的词语是经过 one-hot 编码的 27 583 维向量；输出层是使用 Softmax 函数产生的所有词语的概率，这个概率是指所有词语与输入层词语同时出现的可能性。基于 Skip-gram 训练数据构建的神经网络结构如图 4.7 所示，神经网络迭代训练一定次数，得到输入层到隐层的参数矩阵，矩阵中每一行的转置即是随影词语的词向量。本书经过实验，选取隐层神经元的个数为 200 个，隐层神经元的个数即词向量的维数。此外，针对大规模

---

① 无监督学习指根据类别未知（没有标记出具体类别）的训练样本解决模式识别中的各种问题。

的输入层到隐层的参数矩阵训练产生的梯度下降慢的问题，本书采用负采样技术改进。最终，本书成功将词表中的每个词语转化成为 200 维的向量，并形成了 Word2vec 词向量库。

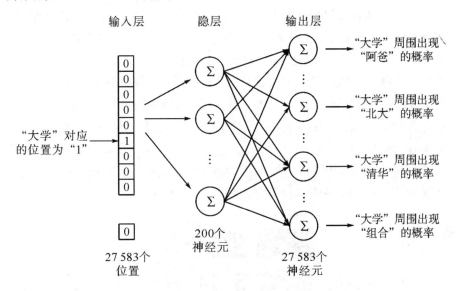

图 4.7　基于 Skip-gram 训练数据的神经网络结构

（3）文档表示

为了实现词向量特征与句子粒度特征之间的关系，本书将每篇财经新闻的所有词语用对应的 Word2vec 词向量库中的词向量表示之后，纵向堆叠成二维的文本特征矩阵。同时，为了后续神经网络处理的方便，本书构造行维度和列维度唯一确定的输入矩阵，显然，列维度为每个词语的向量维度，即 200，而行维度为每篇新闻文本中词语的个数，但是每篇新闻列长短不一，因此选取最长的新闻的词语数 831 作为行维度，若新闻矩阵长度不足 831 则用 0 填补，最终将每篇文档都表示成 831×200 的二维矩阵。

（4）分类模型

深度学习算法具有很高的数据迁移性，在图像处理中取得优秀成果的卷积神经网络（CNN）也可以迁移到自然语言处理领域中，更有利于捕捉词与词、句与句之间的关系，基于 CNN 的文本分类模型如图 4.8 所示。CNN 一般由多个卷积层和池化层连接组成，图 4.8 只画出了一层。首先是卷积层，每个卷积层中有多个不同的卷积核 w，$w \in R^{h,k}$，h 为卷积核的行维度，k 为卷积核的列维度（200），卷积核以步长 1 向下滑动，每经过一个

文本向量 $h \times k$ 时进行卷积运算，产生一个新的特征值，计算如式（4.1）所示：

$$c_i = f(w \cdot W_{i:\ i+h} + b) \qquad 式（4.1）$$

其中，$W_{i:\ i+h}$ 为长度为 h 的词语序列（W_i，W_{i+1}，…，W_{i+h}），w 为卷积核矩阵权重参数，b 为偏置项（$b \in R$），操作符（·）为卷积计算，f 为激活函数。一个卷积核对文本矩阵处理之后首先得到一个特征图 $c = (c_1，c_2，…，c_{n-h+1})$，$n$ 为文本中词语的个数（831）；其次是池化层，池化层使用 Max-pooling 对特征图进行最大值池化操作（$\hat{c} = \max\{c\}$），实现特征图中关键信息的再提取，同时实现模型参数的再约束；再次是全连接层，全连接层的输入为池化层的特征输出，输入为 $v = (\hat{c}_{1,\ 1}，…，\hat{c}_{1,\ q}，\hat{c}_{2,\ 1}，…，\hat{c}_{2,\ q}，…，\hat{c}_{p,\ q})$，$p$ 为卷积核的种类，q 为每种卷积核的个数；最后是输出层，输出层使用 softmax 函数进行类别判定，输出该新闻为 7 种类别中的每个类别的概率。

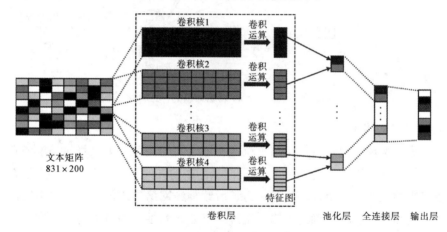

图 4.8　卷积神经网络新闻主题分类模型

4.2.3　互联网财经新闻的主题自动分类实验分析

通过对文本分类的流程与思路的梳理，以及对以"文本预处理—特征提取—文档表示—分类模型"为主线的互联网财经新闻主题分类的技术路线图的分析，本节从实验评测数据、分类器评测标准和实验结果分析三部分开展相关研究。

（1）实验评测数据

实验评测数据来自前期获取的 114.8 万条互联网财经新闻数据，为了减少神经网络的训练时间，本书从数据集中经过人工阅读判定法标记了公司高管类、政策类、运营与业绩类、持股变动类、重组并购类、ESG 类、违规处罚类，每个类别 2 600 篇新闻文档，其中 2 000 篇为训练集、300 篇为测试集、300 篇为验证集，验证集用于指导神经网络结构的调整，共有训练集 14 000 个、验证集 2 100 个、测试集 2 100 个。实验的第一步是要得到词向量库，对训练集、验证集和测试集的 1.82 万个文本进行训练，得到近 800 万个词语，包含 27 583 个不同的词，选取大小为 4 的上下文窗口，得到包含输入词和输出词的训练样本约 3 200 万组，设定词向量维度为 200，采用 Skip-gram 模型进行训练得到词向量库。

（2）分类器评测标准

为了检验 CNN 分类器对互联网财经新闻的分类效果，当获得测试集上的分类结果之后需要对其进行评测，以确保模型的稳定性与实用性，以此来确保模型在后续对大规模未标记数据进行分类的可靠性。目前，普遍采用的模型评价指标有查准率（precision）、查全率（recall）、F1 值（F-score），这些方法的计算都是基于混淆矩阵（如表 4.2 所示，以二分类问题的混淆矩阵为例），它通过比较样本数据的真实属性与模型预测结果的关系来评价分类器的性能，混淆矩阵的每一列代表了预测类别，每一列的总数表示预测为该类别的数据的数目；每一行代表了数据的真实归属类别，每一行的数据总数表示该类别的数据实例的数目；对角线则表示正确分到各个类的实例数目。

表 4.2　基于二分类问题的混淆矩阵

类别		预测标签	
		正类	负类
真实标签	正类	真正 (true positive, TP)	假正 (false positive, FP)
	负类	假负 (false negative, FN)	真负 (true negative, TN)

对于多分类问题，其混淆矩阵同样可以视为二分类问题的混淆矩阵，例如视为公司高管类和非公司高管类两类，便可计算出对于公司高管类别的查准率、查全率和 F1 值三种评测指标，具体的计算公式如下：

$$查准率(P) = \frac{TP}{TP + FP} \qquad 式（4.2）$$

$$查全率(R) = \frac{TP}{TP + FN} \qquad 式（4.3）$$

$$F1 值(F) = \frac{2TP}{2TP + FP + FN} \qquad 式（4.4）$$

式（4.2）、式（4.3）和式（4.4）是针对某一个类别的查准率、查全率和 F1 值，而对于 n 分类问题，需要在 n 个二分类混淆矩阵上综合考察，这时候就会用到上述三个评价指标的宏平均和微平均。宏平均是指，独立于不同类别，将每个类别的 P、R、F 值单独计算出来，然后将所有类别的度量值直接平均，因此它将各个类别平等对待；而微平均会根据不同类别的权重（样本数目）来计算平均值。本书的每个类别均有 300 个样本，因此采用宏平均：

$$宏查准率(Macro\_P) = \frac{1}{n}\sum_{i=1}^{n} P_i \qquad 式（4.5）$$

$$宏查全率(Macro\_R) = \frac{1}{n}\sum_{i=1}^{n} R_i \qquad 式（4.6）$$

$$宏 F1 值(Macro\_F) = \frac{1}{n}\sum_{i=1}^{n} F_i \qquad 式（4.7）$$

（3）实验结果分析

按照预定的实验测评数据和模型测评方法，本书对分类模型进行训练和测试，得到的混淆矩阵如表 4.3 所示。对于混淆矩阵的第一行，公司高管类新闻的分类结果来说，正确分到公司高管类的新闻数为 277 条，误分到政策类的新闻数为 8 条，误分到运营与业绩类的新闻数为 4 条，误分到持股变动类的新闻数为 3 条，误分到重组并购类的新闻数为 2 条，误分到 ESG 类的新闻数为 2 条，误分到违规处罚类的新闻数为 4 条。对于混合矩阵的第一列，分类器预测为公司高管类的新闻中，有 277 条确实为公司高管类，10 条为政策类，7 条为运营与业绩类，8 条为持股变动类，4 条为重组并购类，5 条为 ESG 类，2 条为违规处罚类。混淆矩阵对角线之和为 1 870，说明所有类别正确分类的新闻总数为 1 870 条。

表 4.3　文本分类混淆矩阵

类别	公司高管类	政策类	运营与业绩类	持股变动类	重组并购类	ESG 类	违规处罚类
公司高管类	277	8	4	3	2	2	4

表4.3(续)

类别	公司高管类	政策类	运营与业绩类	持股变动类	重组并购类	ESG类	违规处罚类
政策类	10	254	4	6	8	15	3
运营与业绩类	7	4	261	8	8	6	6
持股变动类	8	3	12	259	4	5	9
重组并购类	4	3	7	0	277	1	8
ESG类	5	12	9	6	7	253	8
违规处罚类	2	1	0	1	3	4	289

从表4.4的分析可以看出,基于CNN的新闻主题分类器效果良好,宏平均下的查准率、查全率、F1值都达到了0.89。此外,这三项指标在各类别中普遍在0.85以上,满足新闻主题判别的要求,可以通过CNN分类器对其他未标记的112万条新闻进行主题分类。最终,通过训练完成的新闻主题分类器,本书获得了公司高管类新闻139 564条、政策类新闻95 325条、运营与业绩类新闻335 880条、持股变动类新闻177 076条、重组并购类新闻116 523条、ESG类新闻175 642条、违规处罚类新闻107 542条(如图4.9所示)。至此,本书完成了"互联网财经新闻获取、主题判别与量化—证券市场媒体效应的多维深入探索—智能风险分析模型的精准捕捉"的研究逻辑主线起始工作,为下一步财经新闻的量化提供了重要的研究保障和前提条件。

表4.4　查准率、查全率、F1值

指标	公司高管类	政策类	运营与业绩类	持股变动类	重组并购类	违规处罚类	ESG类	宏平均
查准率	0.923	0.847	0.870	0.863	0.923	0.963	0.843	0.890
查全率	0.885	0.891	0.879	0.915	0.896	0.884	0.885	0.891
F1值	0.904	0.868	0.874	0.889	0.910	0.922	0.863	0.890

ESG类,
175 642, 15%

公司高管类,
139 564, 12%

违规处罚类,
107 542, 10%

政策类,
95 325, 8%

重组并购类,
116 523, 10%

运营与业绩类,
335 880, 29%

持股变动类,
177 076, 16%

图 4.9　互联网财经新闻主题类别分布示意

4.3　互联网财经新闻的情感量化

成功将 114.8 万条互联网财经新闻进行主题分类之后，需要采取简单而高效的手段将非结构化文本信息用结构化的数值信息来表征，以量化成为后续证券市场关联分析模型能够识别的数据。早期，由于文本挖掘技术的局限性，传统金融学通常采用信息数量法，即用媒体信息在单位时间内发布的数量，来衡量媒体的影响力（Chan，2003；Meulbroek et al.，1990；Mitchell et al.，1994）。但是该方法忽略了媒体报道中关于公司的描述性信息对证券市场的影响。

行为金融学发现投资者情感是影响证券市场波动的重要因素（De Long et al.，1990），因此，学者尝试利用情感分析法获取媒体信息中的情感性倾向，来探索媒体信息与证券市场的关联，情感分析法逐渐成为目前最为常用的方法。其中，最具有代表性的研究是 Tetlock 等人先后在 *Journal of Finance* 上发表的两篇文章，"Giving content to investor sentiment：The role of media in the stock market"（Tetlock，2007）和 "More than words：Quantifying language to measure firms' fundamentals"（Tetlock et al.，2008），他们根据新闻中的正面（积极）和负面（消极）情感词的比例，来衡量新闻的情感性倾向，并发掘了《华尔街日报》负面情感对证券市场的影响力。Tetlock 的方法因其简单便捷的特性，被金融学者普遍应用于分析媒体信息在证券市场中的影响力（Carretta et al.，2011；Chen et al.，2020）。

然而，Tetlock 和后续的研究大多是采用 Harvard-IV-4 和 SenticNet 通

用领域情感词语库来判断词语的情感。但是，由于语言的多样性，通用领域的情感词在财经领域中可能只是一个普通的词语，而一些通用领域没有感情色彩的词语却在财经领域可能具有了情感属性，例如，"熊"在一般情况下是指一种哺乳动物，但是在财经领域却蕴藏着强烈悲观的情绪。事实上，上述现象被 Loughran 和 McDonald（2011）证实，在通用领域的情感词典（Harvard-IV-4）中，约有73.8%的负面情感词在财经领域并不会表达负面的情感含义，并在该项研究的基础上提出了财经专业领域的文本情感分析词典 Loughran and McDonald Sentiment Word Lists（LMD）。

由于中文词语的多义性，利用直接翻译的英文情感词分析我国财经新闻的情感倾向难免存在偏差，Li 等（2014a）一方面在翻译外文财经情感词典 LMD 的基础上，通过结合中文财经新闻的特点，公布了第一个适用于分析中文财经新闻的汉语财经情感词典（Chinese Financial Sentiment Dictionary，CFSD）；另一方面，提出了一个可以自动提取财经新闻情感词的概率语言模型，进一步完善了 CFSD。CFSD 包括负面情感词 1 889 个，正面情感词 1 371 个，总计 3 260 个情感词。

本书在 Tetlock（2007）和 Tetlock 等（2008）的财经新闻情感量化方法的基础上，采用面向财经领域的中文专业情感词库 CFSD，完成互联网财经新闻的情感分析。具体而言，第一，对于每一家上市公司，合并同一天的所有新闻，视为一条新闻；第二，采用与 4.2.2 节同样的方法，将每条新闻分词和去除停用词；第三，将每一条新闻与 CFSD 匹配，得到股票 i 第 t 天新闻中的正面情感词的频数 $P_{i,t}$ 和负面情感词的频数 $N_{i,t}$，以及所有词语个数 $T_{i,t}$；第四，按照 Tetlock 等（2008）的方法，剔除不足 50 个词语或不足 5 个情感词的新闻；第五，利用 $P_{i,t}$、$N_{i,t}$ 和 $T_{i,t}$，采用一定的计算方法得到股票 i 第 t 天新闻中的正面情感指标 $\mathrm{pos}_{i,t}$、负面情感指标 $\mathrm{neg}_{i,t}$，以及情感分歧度指标 $\mathrm{div}_{i,t}$。具体的计算过程如下：

$$\mathrm{Neg}_{i,t} = \frac{N_{i,t}}{T_{i,t}}, \ \mathrm{Pog}_i = \frac{P_{i,t}}{T_{i,t}} \qquad \text{式（4.8）}$$

$$\mathrm{neg}_{i,t} = \frac{\mathrm{Neg}_{i,t} - \mu\mathrm{Neg}_i}{\sigma\mathrm{Neg}_i}, \ \mathrm{pog}_{i,t} = \frac{\mathrm{Pos}_{i,t} - \mu\mathrm{Pos}_i}{\sigma\mathrm{Pos}_i} \qquad \text{式（4.9）}$$

$$\mathrm{div}_{i,t} = \log\frac{1 + P_{i,t}}{1 + N_{i,t}} \qquad \text{式（4.10）}$$

其中，$\mathrm{Neg}_{i,t}$ 和 Pog_i 分别代表股票 i 第 t 天新闻中的正面情感词和负面情感词占总词数的比例；μNeg_i 和 μPos_i 分别是指股票 i 在上一日历年中 Neg_i 和 Pos_i 的平均值；σNeg_i 和 σPos_i 分别是指股票 i 在上一日历年中 Neg_i 和 Pos_i 的标准差。

上述量化方法是针对每一家公司每一天内的所有新闻进行的情感分析量化，即将同一家公司同一天内的所有新闻合并后量化的该公司当天内的所有新闻情感指标。而对于不同主题类别的新闻，类似地，合并同一家上市公司同一天的同主题新闻后进行情感分析量化。分别利用三种不同的新闻情感量化方法（pos、neg、div），来进一步考察新闻对证券市场的影响力，能够使本书的研究结果更加稳健。

表 4.5 基于本书所有 1 147 552 条互联网财经新闻，对新闻中的词频信息在每条新闻层面上进行归纳，从总体层面来看，研究对象包含 500 699 888 个词语，情感词语 80 111 982 个，其中正、负面情感词分别有 52 354 151 和 27 757 831 个，正负情感词比例为 1.89。从总体的均值来看，平均每条新闻中有词语 436.32 个、情感词 69.81 个、正面情感词 45.62 个、负面情感词 24.19 个，正负情感词比例为 1.89，可见，中国的媒体更倾向于报道正面的新闻和保持积极乐观的情绪。从不同主题的新闻来看，篇幅长度方面，ESG 类的新闻平均报道长度最长，包括 510.33 个词语，最短的是运营与业绩类新闻，包括 376.77 个词语。情感词数方面，政策类新闻的总情感词数最多，达到 90.79 个，其中大多来自正面情感词数，为 69.25 个，且正负情感词比例高达 3.21，可见政策多是利好政策或者是扶持类政策；相反，违规处罚类新闻的总情感词数最少，为 51.22 个，其中绝大多数为负面情感词，为 40.62 个，且正负情感词比例最低，为 0.26，可见违规处罚类新闻多是消极的态度。

表 4.5　各主题新闻词数统计　　　　　　单位：个

类别	正面情感词数	负面情感词数	正负情感词比例	情感词总数	所有词数总计
公司高管类	54.10	22.87	2.37	76.97	457.82
政策类	69.25	21.54	3.21	90.79	467.79
运营与业绩类	44.67	19.19	2.33	63.86	376.77
持股变动类	62.14	24.61	2.52	86.75	441.97
重组并购类	38.92	22.31	1.74	61.23	470.65
ESG 类	37.13	26.99	1.38	64.12	510.33
违规处罚类	10.60	40.62	0.26	51.22	399.13
最小值	0	0	0	0	24

表4.5(续)

类别	正面情感词数	负面情感词数	正负情感词比例	情感词总数	所有词数总计
最大值	156	124	39.50	201	831
总体均值	45.62	24.19	1.89	69.81	436.32
所有样本	52 354 151	27 757 831	1.89	80 111 982	500 699 888

在新闻的情感性倾向方面，本书将正面情感词个数大于负面情感词个数的新闻定义为正面（积极）新闻，将正面情感词个数小于负面情感词个数的新闻定义为负面（消极）新闻，将正面情感词个数等于负面情感词个数的新闻定义为中立新闻，图4.10展示了在7种主题类别中，各情感倾向新闻的数量。可以看出，除了违规处罚类新闻，其他类新闻中的正面新闻数量都是大幅大于负面和中立新闻的，特别是政策类新闻，其正面新闻的数量是负面新闻数量的5倍多（64 727∶11 939），而差距最小的ESG类新闻也达到了1.8倍（103 674∶57 721），进一步证实了中国媒体更倾向于报道正面的消息。反观违规处罚类，其中的负面新闻数量远远高于正面新闻的数量，达到了5.2倍（79 881∶15 456）。在中立新闻方面，不论是哪种主题类别，中立新闻的数量仅占所有新闻的15%左右，可见多数新闻报道中难以保持中立的态度，都带有感情色彩。

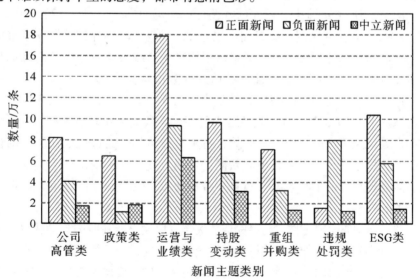

图4.10 新闻情感性倾向分布

4.4 本章小结

本章首先从大数据的视角探讨了互联网财经新闻的来源和自动获取方法，对研发的定向分布式网络抓爬引擎进行了详细的介绍，并将利用大数据处理技术处理好的新闻构建成互联网财经新闻库；其次，利用机器学习的方法，将新闻库的新闻按照不同的主题内容，高效且准确地自动分为 7 类；最后，采用金融学情感分析方法，通过量化新闻中的情感因素，将新闻的文本内容转化成为模型能够识别的结构化数据。

研究结果表明，①在互联网财经新闻的自动获取方面，本书研发的定向分布式网络抓爬引擎高效且准确，共获得 2015 至 2017 年中国 36 个主流财经网站发布的 114.8 万条上市公司新闻，新闻发布数量呈现逐年递增趋势。其中，新浪财经、同花顺财经和中金在线发布的新闻数量排名前三，占全部新闻的31%；平均每家上市公司有 449.49 条新闻，沪深两市每日有 1 047.99 条新闻。②在互联网财经新闻的主题分类方面，针对新闻文本的特征捕捉和分类过程，基于 Word2vec 的文档表示方法和 CNN 模型的分类器取得了较好的综合分类效果，分类的准确率达到了 89%，验证了分类器的可靠性；其中，运营与业绩类、持股变动类、ESG 类、公司高管类、重组并购类、违规处罚类、政策类分别占 29%、16%、15%、12%、10%、10%、8%。③在互联网财经新闻量化方面，发现我国的媒体更倾向于报道正面新闻以及保持积极乐观的情绪，平均来说，政策类新闻中的情感词数最多，每条达到 90.79 个，且正面情感词数占据大多数（69.25 个）；相反，违规处罚类新闻中的情感词数最少，为 51.22 个，其中绝大多数为负面情感词（40.62 个）。除了违规处罚类新闻，其他类新闻中的正面新闻数量都是大幅大于负面和中立新闻的，特别是政策类，而违规处罚类中的负面新闻数量远远高于正面和中立新闻的数量。此外，不论是什么类别，中立新闻只占其中的 15% 左右，可见多数新闻难以保持中立的态度，都带有感情色彩。

通过本章的研究工作，已经完成了关于互联网财经新闻的自动获取、主题分类与情感量化任务，成功得到了后续研究所需的研究数据。下一章将从不同主题的财经新闻、不同行业的上市公司和不同程度的高管媒体曝光行为三个方面，深入探索互联网财经新闻在证券市场风险波动中的作用机理。

5 互联网财经新闻与证券市场的 关联性分析

上一章从大数据的研究视角，借助研发的定向分布式网络抓爬引擎获取了百万级海量互联网财经新闻数据，并在此基础上，采用先进的人工智能技术（CNN 深度学习模型），将财经新闻按照内容主题高效准确地自动分为了 7 类，然后利用情感分析技术完成了财经新闻文本的量化工作，为本章的互联网财经新闻与证券市场关联性的深入细致探索奠定了数据基础。

虽然有不少研究探索了新闻与证券市场的关系，但是这些研究往往围绕所有新闻与证券市场整体的关联而展开，少有研究能够更深入细致地探索某类新闻对证券市场局部的影响。因此，本章将从施动者、受动者、管理者三个角度，对互联网财经新闻的证券市场影响性进行验证，试图揭示二者更深层、复杂的关系。

本章将完成逻辑主线"互联网财经新闻获取、主题判别与量化—证券市场媒体效应的多维深入探索—智能风险分析模型的精准捕捉"的第二部分，即从大数据视角完成互联网财经新闻对证券市场影响的多维深入探索，力图为后续的智能模型构建提供重要的实证基础。本章从施动者、受动者和管理者三个层面，回答以下问题：第一，对于不同主题的互联网财经新闻，新闻的出现是否都会带来显著的异常收益率？对证券市场的影响是正向的还是负向的？什么时候开始产生影响？持续时间是多长？正面、负面、中立新闻对证券市场的影响有何差异？新闻中的情绪因素对证券市场的影响如何？第二，对于不同行业的上市公司，股价抵御新闻冲击的能力有何差异？对新闻中情绪因素的敏感性有何差异？第三，对于公司高管曝光度的不同，公司高管的曝光对财经新闻与证券市场之间的关系产生怎样的调节效应？高曝光是增强了媒体对证券市场的影响力，还是削弱了？

这种关系在行业之间有何差异？

本章制定如下实现路径去回答以上问题，首先，对现有的证券市场媒体效应的经典理论与研究方法进行系统性梳理；其次，从施动者、受动者、管理者三个角度提出相应的研究假设；再次，在总结现有研究方法的基础上，设计适用于本书的路径与方法；最后，对实证结果进行归纳、总结与分析，从三个层面解析财经新闻对证券市场的影响，探究二者更深层、复杂的关系。

5.1 资产定价理论概述

资产定价是金融经济学的核心研究领域之一，它通常是探索不确定条件下的未来支付的证券价格或价值，寻找证券价格形成的基础和因素，力图揭示证券市场的运行机制，进而帮助市场实现资本合理配置的基本功能。这里的"不确定"是指，证券市场中往往存在着大量的不确定性（如经济政策变化、税制改革、上市公司债务变化、经营环境变化等），因而引起市场的风险性，也就是未来的证券价格与人们预期的分歧。在这种情况下，资产定价必须考虑投资者对风险的态度，考虑投资者在收益与风险之间的权衡取舍，也就是为了补偿投资者承担的更大风险，需要给予其更多报酬，这便是风险溢价。

1952 年，Harry M. Markowitz 创造性地将投资组合的收益率的波动率（方差或标准差）作为证券组合风险的度量，首次将精准的数理模型应用到金融分析中，提出了现代投资组合理论。该理论创立了不确定条件下的金融决策理论，同时也意味着现代金融学的诞生。具体而言，Markowitz 在顶级金融学期刊 *The Journal of Finance* 上发表的《证券投资组合选择》，分别利用投资组合的期望收益率的均值和收益率的方差，来刻画投资组合的期望收益和风险，进而根据收益与风险之间的关系寻找最优的投资组合（Markowitz，1952）。用公式可以表示为

$$E(r_p) = \sum_{i=1}^{n} w_i E(r_i) \qquad \text{式（5.1）}$$

其中，$E(r_p)$ 为投资组合的期望收益率；w_i 是资产 i 在投资组合中的权重，$\sum_{i=1}^{n} w_i = 1$；$E(r_i)$ 是资产 i 的期望收益率。投资组合的方差可以定义为：

$$\text{Var}(r_p) = \sum_{i=1}^{n} w_i^2 \text{Var}(r_i) + \sum_{i \neq j} w_i w_j \text{Cov}(r_i, r_j) \qquad 式（5.2）$$

其中，$\text{Var}(r_p)$ 为投资组合的方差，$\text{Var}(r_i)$ 为资产 i 的方差，$\text{Cov}(r_i, r_j)$ 为资产 i 与资产 j 的协方差。投资者对资产的配置是基于对未来的预期，即 $r_1, r_2, \cdots, r_n$ 的概率分布，然后设定预期目标，最后确定各资产在投资组合中的权重 $w_1, w_2, \cdots, w_n$。假设投资者的初始资产为 W_0，预期目标为 $W_0(1 + r_p)$，同时假设投资者的效用水平只与资产水平相关，为 $U(r_p)$。从最大化投资者期望效用角度出发，决策过程如下：

$$\begin{cases} \max\limits_{w_i} E\big[\,U(W_0\, r_p)\,\big] \\ s.t. \quad \sum\limits_{i=1}^{n} w_i = 1 \end{cases} \qquad 式（5.3）$$

上式可简化为

$$\begin{cases} \max\limits_{w_i} E\big[\,U(r_p)\,\big] \\ s.t. \quad \sum\limits_{i=1}^{n} w_i = 1 \end{cases} \qquad 式（5.4）$$

将该式泰勒展开后可以发现，若 $r_1, r_2, \cdots, r_n$ 服从正态分布，则投资者期望效用完全取决于投资组合收益率的均值与方差。假设投资者效用函数为凹函数，则决策问题为

$$\begin{cases} \min\limits_{w_i} \text{Var}(r_p) \\ s.t. \quad \sum\limits_{i=1}^{n} w_i = 1, \quad \bar{r}_p = \sum\limits_{i=1}^{n} w_i E(r_p) \end{cases} \qquad 式（5.5）$$

其中，r_p 为投资者预期收益率。式（5.5）的含义为给定投资者的期望收益率，如何实现投资组合的风险最小化。求解之后可以得到投资组合的预期收益率与最优解下标准差的关系（如图 5.1 中的有效边界）。有效边界上的所有点，都是在同一收益水平下风险最小的组合，同时也是在同一风险水平下收益最大的点。

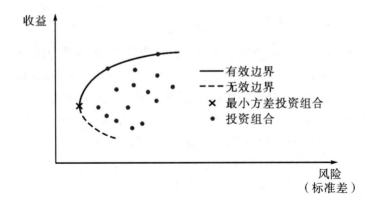

图 5.1　投资组合的可行集

在 Markowitz 的投资组合理论的基础上，Sharpe（1964）、Lintner（1965）和 Mossin（1966）分别独自提出了经典的资本资产定价模型（capital asset pricing model，CAPM），成为现代金融学的基石理论。CAPM 模型假设所有的投资者都按照 Markowitz 投资组合理论进行投资，重点在于探寻投资组合的收益与风险之间的数量关系，即为了补偿投资者承担的更大的一部分的风险，应该额外给予投资者多少收益。具体公式表示为

$$E(r_i) = R_f + \beta_i [E(R_m) - R_f] \qquad \text{式 (5.6)}$$

其中，$E(r_i)$ 是资产 i 的预期收益率，R_f 为无风险资产的收益率且为常值，$E(R_m)$ 为市场组合的预期收益率，β_i 为资产 i 对市场风险的敏感性，$\beta_i =$ Cov(R_i, R_m)/Var(R_m)，$\beta_i [E(R_m) - R_f]$ 为市场风险溢价收益。CAPM 模型指出，单个资产的期望收益率由无风险利率和风险溢价两部分组成；资产 i 实际获得的市场风险溢价收益的大小取决于 β_i 的大小，β_i 越大说明该资产承担的系统性风险（市场组合的风险）越大，则风险溢价收益越大，反之，β_i 越小，则所得到的补偿越小；只有承担系统性风险才能够获得补偿，非系统性风险可以通过投资的多样化减少甚至消除，因此得不到补偿。

1976 年，Stephen Ross 对 CAPM 模型提出了质疑，他认为资本资产的收益率（期望风险溢价）不单受到市场风险溢价的影响，而是 GDP 增长、通货膨胀水平等各种因素综合作用的结果，进而提出了套利定价理论（arbitrage pricing theory，APT）。该理论认为，某个资产的定价受到很多个宏观经济因素的影响，可以用各宏观因素风险补偿的变动，来代表各宏观因素相对于资产预期值的变动，则资产 i 的预期收益为

$$E(r_i) = R_f + \sum_{j=1}^{k} \beta_{ij} [E(R_j) - R_f] \qquad \text{式 (5.7)}$$

其中，R_f 为无风险资产的收益率且为常值，k 代表宏观因素的个数，$E(R_j)$ − R_f 为因素 j 带来的风险补偿收益，β_{ij} 是资产 i 对因素 j 的敏感程度。相比式 (5.6) 不难发现，如果将式 (5.7) 中的宏观经济因素视为仅有一个市场因素 (R_m)，此模型与 CAPM 模型给出的定价模型完全一样。但是二者最主要的区别是，假设不同。CAPM 模型的假设基于 Markowitz 投资组合理论，主要是最优投资组合和市场均衡，而 APT 的假设是从因子模型与市场无套利来的，假设数量相对较少，更具一般性和灵活性。事实上，可以发现，APT 是理论而不是模型，Ross 只给出了期望风险溢价与多个因素有关，而没有提到具体是哪些因素，这也是 APT 的一大缺陷。但是 APT 有着极大的贡献，它催生了多因子模型的诞生。

多因子定价模型（multifactor pricing model）是 CAPM 模型与 APT 之后的延伸，是指 APT 后有具体因子出现的定价模型。Fama 与 French 的三因子模型就是多因子模型中的代表（Fama et al., 1993）。APT 出现后，Fama 和 French（1993）发现公司自身特征也可以从一定程度上解释股票收益率，市场超额收益率、公司规模以及账面市值比三个因素对证券收益有显著的影响。紧接着，他们根据这三个因素建立了解释证券收益率的模型，也就是提出了具体的三个因子，即规模因子（小市值的与大市值的证券组合收益率之差，small minus big，SMB）、账面市值比因子（高账面市值比的与低账面市值比的证券组合收益率之差，high minus low，HML）和市场因子。具体模型如下：

$$E(r_i) = R_f + \beta_i [E(R_m) - R_f] + s_i \text{SMB} + h_i \text{HML} \qquad \text{式 (5.8)}$$

其中，$E(r_i)$ 是资产 i 的预期收益率，R_f 为无风险资产的收益率且为常值，$E(R_m)$ 为市场组合的预期收益率，β_i 为资产 i 对市场风险的敏感性，$\beta_i [E(R_m) - R_f]$ 为市场风险溢价收益，s_i 为资产 i 对规模因子的敏感性，$s_i \text{SMB}$ 为规模风险溢价收益，h_i 为资产 i 对价值因子的敏感性，$h_i \text{HML}$ 为价值风险溢价收益。

Fama 和 French（1993）的研究表明，因为上市公司的稳定性可以用其市值规模来衡量，代表了其承受风险的能力，当上市公司面临风险时，需要获得更高的规模风险溢价收益来补偿；上市公司销售状况和盈利能力可以用其账面市值比来衡量，当上市公司销售状况和盈利能力面临风险时，需要获得更高的收益来补偿。Fama-French 三因子（FF3）模型得到了理论验证和实证研究的普遍认可，不少研究根据自身研究特点，将 FF3 模型进行拓展，增强其分析能力（Baker et al.，2006；Chen et al.，2020）。

上述理论都是基于资产的定价与其风险高度相关的视角；此外，还有一部分研究认为，资产的定价在短期内受到投资者的心理价值和投机行为的影响。这便是著名经济学家 John Maynard Keynes 提出的"空中楼阁"理论。该理论认为，投资者受到知识和经验的局限，对长期资产价值的预期准确性缺乏信心，难以通过计算股票长期内在价值衡量其价格，只能基于对短期资产价值变动的预期做出投资行为，而短期投资行为是投资者心理决定的，连续的短期预期组成了长期预期，因此股票价格往往偏离了其内在价值，形成了"空中楼阁"。换言之，投资者不是大费周章地去评估资产的内在价值，而是采取顺应的策略，猜测投资大众将来会如何作为，分析他们在乐观时期能否建成"空中楼阁"，然后通过先发制人获取盈利的机会。实质上，"空中楼阁"理论认为投资者是非理性的，其心理预期受到乐观或悲观情绪的影响而骤变，进而引起股票价格的剧烈变动。越来越多的证据表明，证券价格的波动受到投资者认知偏差和情感因素的影响（Calomiris et al.，2019；De Long et al.，1990；Engelberg et al.，2011；Tetlock，2007）。随着互联网媒体的兴起，其中的信息日益成为投资者决策行为的重要依据，投资者的情绪受到新出现信息的不断干扰，从而使其持续更新对证券市场的理解与认知，最终通过非理性投资行为反映在证券市场的波动上。因此，在短期内，媒体信息成为推动证券市场波动的重要力量。作为本书的理论基础之一，"空中楼阁"理论进一步支持了互联网财经新闻对证券市场影响性研究的开展。

本节对资产定价相关理论进行了梳理和回顾，通过对研究理论的分析发现，大多数资产定价理论聚焦于对证券市场风险的分析与研究，认为理性投资者能够对新信息及时做出反应，通过分析风险与收益的关系，优化所持有的投资组合（Fama，1965）。而近代行为金融学认为，投资者是非理性的，其认知偏差和不完全理性会引起情绪化投资行为，进而找出了"金融异象"产生的原因（Banz，1981；Gultekin et al.，1983；Hirshleifer et al.，2003）。因此，对于互联网财经新闻的研究，本章首先以资产定价理论为基础，从统计学和计量经济学的角度探索新闻发布对股票异常收益的影响。其次，将新闻中的情绪因素引入 FF3 模型，并针对情绪对证券定价的作用展开了讨论与分析，为后续的研究提供理论支撑和指导建议。

5.2　研究假设

本节将从施动者、受动者、管理者三个层面，围绕互联网财经新闻的发布给证券市场带来的异常收益率、互联网财经新闻中的情感因素与证券市场收益率两方面提出研究假设。

5.2.1　异质性新闻与证券市场：基于施动者视角

从施动者层面来看，本书结合上市公司的内、外部影响因素，将互联网财经新闻按照主题内容分为公司高管类、政策类、运营与业绩类、持股变动类、重组并购类、ESG 类、违规处罚类，分别研究 7 种互联网异质性财经新闻的发布给相关上市公司造成的异常收益率，以及新闻情感因素对证券市场的影响。其中，公司高管类新闻主要是指与上市公司高层管理者相关的新闻，例如《专访华谊兄弟董事长：投资华谊兄弟是个很好的选择》；政策类新闻是指与上市公司或所属行业直接或间接相关的中央或地方政策消息，例如《政策利好！健康产业发展再提速，40 家上市公司有望受益》；运营与业绩类新闻是指媒体报道与上市公司运营状况或者经营业绩相关的消息，例如《中国平安 2020 年营运利润同比增长 4.9%，站在新周期的起点》；持股变动类新闻是指媒体报道关于基金持股、国家队持股、机构持股、董监高持股及其他主要股东持股产生变化的消息，例如《春节突发！茅台又被减持，全球最大中国股票基金出手》；重组并购类新闻是指媒体报道关于上市公司资产重组或者与其他公司之间的兼并、收购行为的消息，例如《万科将重组并购组建巨无霸》；ESG 类新闻是指上市公司在环境责任、社会责任及公司治理水平方面的相关报道，例如《长生生物忽略企业社会责任终将自食其果》；违规处罚类新闻是指关于上市公司存在违规行为或者面临相关部门处罚的新闻，例如《长城动漫存虚增营业等违法行为，被给予警告并罚 40 万》。本节将结合相关文献和理论分析，针对每种新闻提出相关研究假设。

（1）公司高管类新闻

高层梯队理论认为，公司高层管理者的自身特质影响着公司的战略选择，进一步影响公司的行为和业绩（Hambrick et al.，1984）。大量的研究充分证实了年龄、性别、宗教信仰等公司高管自身属性与公司战略决策（Finkelstein，1992；Wally et al.，1994）、公司业绩（Barker Ⅲ et al.，2002；Nguyen et al.，2001）的关系。但是，关于公司高管新闻与公司证券市场表现的研究却鲜有涉及。事实上，公司高管在某些情况下可以运用媒体的力量迅速挽回公司的形象与损失。例如，1982 年强生公司 CEO 积极与媒体合作就药物中毒事件道歉的案例，时任 CEO 凭借丰富的工作经历，在道歉中表现出良好的沟通能力和足够的诚恳，迅速得到了消费者的谅解（Schweitzer et al.，2015）。Furtado 和 Rozeff（1987）的研究发现，当公司处于高管换届和任命的阶段，管理层的变化是公司战略决策升级和公司稳定发展的体现，标志着公司未来业绩向好。因此，作为上市公司与投资者之间的信息桥梁，媒体对公司高管事件的报道可能影响到投资者的理性决策，进一步影响到相关上市公司的证券表现。基于以上分析，本节提出以下假设：

假设 1a：公司高管类新闻的发布会给相关公司股价造成异常收益率。

假设 1b：公司高管类新闻的情绪越积极（消极），给相关公司股价带来的正面（负面）影响越大。

（2）政策类新闻

不可否认，中央和地方政策对经济发展的影响与作用重大。当某行业或者某类型的企业需要政府扶持时，政府通常会采用补助、贴息、奖励、直接股权投资等方式降低企业的成本，提升企业竞争力，维持行业和企业的可持续发展，政策效果进一步体现在公司的股价上。例如，国内最大的免税运营商中国中免，受到 2020 年 7 月 1 日海南离岛免税新政实施的利好，在短短 5 日内股价大涨 24.7%。同样，当政府出于环境保护或宏观调控目的，也会出台限制政策，被政府规定限制的企业则将面临业绩下降的风险。因此，投资者需要紧跟政策变动完成合理投资决策的制定，短期内的投资行为进一步影响到证券市场波动。史代敏（2002）首次从数量分析的角度探索了政策引起我国证券市场波动的深度和广度。Apergis（2015）在美国证券市场中证实了财政政策和货币政策对市场的影响力。根据上述推断，媒体关于中央或地方政策的新闻报道会对证券市场带来短期的冲击，因此，本节提出以下假设：

假设 2a：政策类新闻的发布会给相关公司股价造成异常收益率。

假设 2b：政策类新闻的情绪越积极（消极），给相关公司股票带来的正面（负面）影响越大。

（3）运营与业绩类新闻

运营状况新闻是指关于公司采购环境、生产环境、销售环境等方面的报道；运营与业绩类新闻是指与公司营业成本、收入、盈利能力等方面相关的报道。这类新闻总结了公司过去的表现和现在的情况，有助于投资者分析公司未来发展前景，体现出了与证券市场较高的关联性（Beyer et al.,2010）。根据媒体关注的市场压力效应，媒体对公司的关注能够给公司管理者施加短期业绩压力，促使他们削减投资回收期长且不确定性大的创新投资。相比其他内容的新闻，媒体对公司运营与业绩类的报道直接指向公司的运营状况、盈利能力等，也就是体现公司股票内在价值的公司基本面信息。因此，媒体对公司运营与业绩的报道，促使本身就备受市场监管者监督的上市公司，面临投资者给予的更大业绩压力。因此，基于上述分析，本书认为媒体关于公司运营与业绩的报道能够对公司股票收益率产生强烈的影响，故提出以下假设：

假设3a：运营与业绩类新闻的发布会给相关公司股价造成异常收益率。

假设3b：运营与业绩类新闻的情绪越积极（消极），给相关公司股价带来的正面（负面）影响越大。

（4）持股变动类新闻

持股变动主要是指基金、国家队、机构、董监高等大股东和其他重要股东持股数量产生变动，主要分为增持和减持两种，增持是指增加持股数量，当大股东或重要股东对公司业绩或股票表现持续看好，通常会在二级市场上追加买入公司股票，进一步彰显对公司未来发展的信心，能够提升中小投资者信心，甚至提振市场信心，对证券市场产生正向的影响；相反，减持则表明信心不足，给证券市场带来负向影响。例如，2020年4月6日，新浪财经网报道新东方在线获新东方董事会主席俞敏洪的3 180万港元的增持，当日迎来了12.37%的股价上涨。王化成等（2015）通过对大股东持股比例与股价崩盘风险关系的研究，发现第一大股东持股比例的提高显著有助于股价未来崩盘风险的下降。黄建欢等（2009）研究了限售股解禁的减持行为与股价的关系，发现解禁前股价压力明显强于减持时的股价压力，解禁的心理冲击影响大于实际减持压力。因此，本节提出如下假设：

假设4a：持股变动类新闻的发布会给相关公司股价造成异常收益率。

假设 4b：持股变动类新闻的情绪越积极（消极），对相关公司股票的正向（负向）影响越大。

（5）重组并购类新闻

重组并购是指上市公司将资金、资产、劳动力、技术、管理等要素进行重新配置，公司以此从整体上和战略上改善经营管理状况，有利于产业结构调整、市场竞争力提升，主要有合并（两个或更多公司组合成为一个新的公司）、兼并（两个或更多公司组合，保留占据优势的公司的名称和章程）和收购（公司通过产权交易取得其他公司的控制权或资产所有权）三种方式。重组并购行为如果能够达到最初设定的目标，可以彻底改善公司的经营模式，对公司运营和业绩将产生显著积极效果，公司内在价值的变化将进一步对上市公司的股价产生影响。Keown 和 Pinkerton（1981）通过事件研究法观察事件消息发布前后股票异常收益率的变化，研究了重构重组类事件对证券市场的影响。他们发现在消息发布前第 11 天股票就产生了异常收益率，并且在消息发布前所获得的累积异常收益率大约占了整个事件产生的累积收益率的一半。Ahern 和 Sosyura（2014）甚至发现，有的公司在经历重组并购事件时，会策略性地利用媒体来干涉公司的股价。因此，本节提出如下假设：

假设 5a：重组并购类新闻的发布会给相关公司股价造成异常收益率。

假设 5b：重组并购类新闻的情绪越积极（消极），给相关公司股票带来的正面（负面）影响越大。

（6）ESG 类新闻

ESG 是英文 environmental（环境）、social（社会）以及 governance（公司治理）的缩写，是一种投资理念和企业评价标准，ESG 对公司的评价不局限于单一的财务绩效，而是关注公司的环境责任、社会责任和公司治理水平。在国外，关于 ESG 的研究报告早在 2006 年被高盛发布，并且已经形成了一套全面且系统的 ESG 信息披露标准和公司绩效评价标准。而国内 2018 年才首次明确要求上市公司对 ESG 信息进行披露。事实上，公司在 ESG 方面的表现会对社会产生巨大影响，例如，长生生物 2018 年 7 月 15 日被曝出对社会危害重大的 "毒疫苗" 事件，瞬间成为投资者关注的焦点，其股票在事件发生后的连续 31 个交易日都以跌停收场，直至 12 月 11 日被强制退市，其间整个生物疫苗板块随之大跌。可见，社会公众也会反过来影响企业盈利和内在价值。有的学者分别从环境责任（Song et al.，2017）、社会责任（Park et al.，2014；Surroca et al.，2010）和公司治理水平（Gompers et al.，2003）三个方面研究其对公司价值的影响，而有的学者则从 ESG 整体的角度展开研究，他们普遍发现了公司 ESG 表现与公司价值的显著相关性。因此，本书认为关于企业 ESG 的新闻能够影响到其在证券市场的表现，提出如下假设：

假设 6a：ESG 类新闻的发布会给相关公司股价造成异常收益率。

假设 6b：ESG 类新闻的情绪越积极（消极），对相关公司股票的正向（负向）影响越大。

（7）违规处罚类新闻

违规类新闻是指关于上市公司在内幕交易、信息披露违法、违规交易、违规操纵、财务造假等方面的媒体报道；处罚类新闻是指上市公司被相关监管部门处罚的消息。相比于 ESG 类的新闻，这类新闻更侧重于上市公司在证券市场中出现的违规现象。此类新闻对投资者信心和情绪的打击是极大的，对证券市场的负面影响也是显而易见的。例如，2020 年 12 月 6 日晚，艾格拉斯发布了某公司涉嫌信息披露违法，被相关部门立案调查的公告，次日该公司的股票开盘便跌停。公司出现违规行为或被处罚，不但增加自身的信用风险，加大融资难度，而且打击投资者信心，导致股价的下跌，直接损害中小股东的利益。证监会公布的数据显示，上市公司违规事件对于公司股价存在显著负向影响，在事件窗口期内的累积异常收益率显著为负，而且被证监会处以罚款处罚的上市公司股价将面临更大的下行压力。基于以上分析，本节提出以下假设：

假设 7a：违规处罚类新闻的发布会给相关公司股价造成负向异常收益率。

假设 7b：违规处罚类新闻的情绪越消极，给相关公司股价带来的负面影响越大，即使新闻情绪积极也不会给股价带来正向影响。

5.2.2　新闻与各行业公司股票：基于受动者视角

从受动者层面来看，不同属性的上市公司，其股票抵御新闻冲击的能力可能存在差异性。事实上，公司所属行业是对公司特性、属性最为基础和整体的概括，例如公司所属行业体现了公司处于朝阳产业还是夕阳产业，产品是生产资料还是消费资料，是劳动密集型、资本密集型还是技术密集型。因此，本书用公司所属行业作为公司特性判别的标准。有研究发现，上市公司在证券市场上的表现在一定程度上取决于其所在行业的特点。King（1966）以及 Berman 和 Pfleeger（1997）有着相似的结论，相比非周期性行业，周期性行业由于与外部宏观经济环境高度相关，面临更大的行业风险，故公司股票波动更为强烈。Moskowitz 和 Grinblatt（1999）发现朝阳产业中的公司股票收益率延续原来的运动方向的趋势（动量效应）更为明显。

此外，投资者对不同行业的关注程度也不同。例如，作为国民经济晴雨表的金融业，与人们日常生活息息相关的批发零售业，与民生相关的房地产行业，都是大众口中的热门话题，拥有很高的投资者关注度。有少数研究从投资者角度探讨了证券市场表现在行业中的差异。Huang 等（2014）利用证券市场基本面信息和交易信息构建了投资者情绪指数，发现该指数与信息技术产业中的股票波动关联性最强，与交通运输业中的股票波动关联性最弱。Rehman 和 Shahzad（2016）沿用了 Huang 等（2014）的指数构建方法，探讨了投资者情绪与九大行业证券市场收益率之间的关系，发现了相同宏观经济环境的背景下，不同行业收益率的差异性。因此，本书认为不同行业的上市公司的股票受到新闻发布的影响是不同的，新闻中表现出的投资者情绪的影响力也是不同的。本节提出如下假设：

假设 8a：新闻的发布对不同行业上市公司股价异常收益率的影响不同。

假设 8b：对于不同行业的上市公司，新闻情绪对其股票的影响不同。

5.2.3 公司管理者与证券市场媒体效应：基于管理者视角

传统金融学中通常有这样一个假设：投资者拥有无限的认知资源，这里的认知资源一般是指注意力。实际上，认知心理学认为人们的注意力是一种稀缺的认知资源。也就是说，人们对某件事物的关注必须以牺牲对其他事物的关注为代价（Kahneman et al.，1973）。投资者对注意力的分配直接影响其在金融市场中的投资决策，进而对金融市场特别是证券市场带来重要影响。已有研究表明，有限的注意力限制了投资者处理信息的能力，投资者更倾向于关注熟悉或吸引眼球的股票，并且信息只有在吸引投资者的注意之后，才会被纳入资产定价中（Barber et al.，2005；Huberman，2001；Huberman et al.，2001）。

公司管理者，特别是高层管理者，是公司最为关键的决策群体，通常被认为是公司的大脑，对公司的战略选择具有直接控制权。高层梯队理论认为，公司高管的自身特质通过影响公司的战略选择，进一步影响公司的行为和业绩（Hambrick et al.，1984）。以往的研究从多个方面考察了公司高管特征对企业战略决策（Finkelstein，1992；Wally et al.，1994）、企业绩效（Barker III et al.，2002；Nguyen et al.，2001）和股票表现（Furtado et al.，1987；Milbourn，2003）的影响。

更重要的是，公司高管已经认识到媒体在公司经营中的重要作用，并倾向于利用媒体的力量来维护公司在公众心目中的良好形象，例如及时澄清谣言、准确披露信息和积极消除信息不对称等。此外，一些高管还会通过增加个人的曝光来维护公司形象，包括接受电视专访、举行新闻发布会以及为公司新产品代言。那么，公司高管的这种高曝光率的媒体行为是通过吸引投资者的眼球来增强媒体对证券市场的影响，还是反而会引起投资者的注意力稀缺降低了媒体对证券的影响，回答这个问题对上市公司具有极强的现实意义。

然而，以往的研究很少探讨公司高管的媒体行为在媒体报道与证券市场之间的作用机制。一般来说，高管的高曝光可以引起投资者的注意，在一定程度上提高公司和股票的知名度，从而增强证券市场的媒体效应。也就是说高管的曝光间接提高了投资者对公司的关注程度，与公司相关的新闻也会被投资者获取和吸收，并反映在证券市场中。例如，Bednar（2012）认为，CEO 的高曝光能够对公司产生良好影响，因为媒体报道起到了监督作用，减少了公司与投资者之间的信息不对称。Qiao 等（2018）的研究表明，对公司高管的媒体报道降低了公司股票崩溃的风险。Nguyen 等（2015）认为媒体对声誉良好的 CEO 的曝光会提升投资者对公司的预期，进而提升公司股价。

然而，根据有限注意力假说，公司高管的高度曝光吸引了投资者太多的注意力，降低了投资者对其他信息的处理能力和效率，导致投资者对其他有价值的媒体报道反应不足，从而削弱了媒体对证券市场的影响。Hamilton 和 Zeckhauser（2004）发现 CEO 的新闻比公司其他有价值的新闻更能够引起公众的关注，因为公众更喜欢 CEO 的个人故事，尤其是负面新闻。Hirshleifer 等（2011）发现，注意力有限的投资者很容易忽视证券价格的决定要素，甚至有可能无视公司最新的业绩新闻，依然坚信先前的分析师预测，导致证券市场产生异常收益率。

因此，本书认为，总体来看公司高管的高曝光通过占据投资者有限的注意力，削弱了媒体对证券市场的影响力。同时，考虑到行业间的公司高管媒体行为，我们还将进一步探讨不同行业的高管媒体行为在证券市场媒体效应中的影响力的差别。我们相信，由于上市公司所处行业特点不同，高管的曝光度对于证券市场中的媒体效应具有不同的调节效应。因此，本节提出如下假设：

假设 9a：总体上，公司高管的高曝光削弱了媒体对证券市场的影响力。

假设 9b：对于不同行业，公司高管的高曝光对证券市场媒体效应的调节作用有所差异。

5.3 研究设计

5.3.1 样本选择与数据来源

本章以 2015 至 2017 年剔除 ST 和 * ST 股票①的中国沪深两市 A 股上市公司为研究样本，覆盖 2 253 家上市公司、732 个交易日。所涉及的证券市场数据包括基本面数据和股票历史交易数据，全部来自国泰安数据库②（China Stock Market & Accounting Research Database，CSMAR），涵盖上市公司股票的日收益率、市值、市净率，以及上证综指、深证成指和无风险利率等数据。本书所涉及的互联网财经新闻数据来自最受投资者欢迎的中国 36 个主流财经网站（见附录）。

5.3.2 主要变量的衡量

（1）FF3 模型的三因子

每只股票的市场因子通过市场收益率与无风险收益率的差来衡量，沪市上市公司的市场收益率用上证综指收益率代替，深市上市公司的市场收益率用深证成指收益率代替。规模因子和账面市值比因子的衡量过程如

---

① "ST" 即特殊处理，股票名称前加上 "ST"，是指该公司连续两年亏损或者净资产低于股票面值，其股票每日涨跌不得超过 5%，用于警示投资者注意投资风险。第三年，若公司依旧处于亏损状态，股票名称前除 "ST" 外还会加上 " * "，用于警示投资者注意退市风险。

② 资料来源：www.gtarsc.com。

下，首先，根据市值规模将所有股票分为大规模（big，B）、小规模（small，S）2组，再在每组中根据市净率将股票分为高（high，H）、中（medium，M）、低（low，L）3组，这样就得到6组数据；其次，用小规模的3个组合（S/H、S/M、S/L）的平均收益率减去大规模的3个组合的平均收益率，便得到规模因子SMB；最后，用市净率最高的两个组合（S/H、M/H）的平均收益率减去市净率最低的两个组合（S/L、M/L）的平均收益率，便得到账面市值比因子HML。

（2）新闻情绪

本书参照Tetlock（2007）的做法，利用新闻中的情感词汇来衡量新闻情绪。具体而言，首先，将新闻文本与CFSD情感词典匹配，统计新闻中正面、负面情感的频数；其次，利用情感词频数和全文总词数，构建出衡量新闻情绪的三个指标pos（正面情绪指标）、neg（负面情绪指标）、div（情感分歧度指标），详细计算过程见4.3节。

（3）公司高管曝光度

本书借鉴Milbourn（2003）的方法，通过计算与公司高管相关的新闻的相对数量来衡量。具体而言，首先，利用第4章介绍的基于CNN的文本分类模型获取公司高管类新闻；其次，计算每家上市公司每个季度中高管新闻占总新闻的比例 P；最后，定义一个变量EXPOSURE来表示高管曝光率的高低，当一家公司上一季度的 P 高于或等于所在行业的一半公司时，则该公司本季度每日的EXPOSURE全部为1，否则全为0。

5.3.3 模型的构建与设定

（1）新闻的发布与异常收益率分析模型

异常收益率是指某种证券的实际收益率与市场预期收益率之间的差值，能够反映出该证券收益情况及其与证券市场的关系。通过对异常收益率的分析，可以推断出影响因素对证券产生冲击的方向、大小和持续时间。本书采用事件研究法研究新闻的发布对证券市场走势的影响，来确定在新闻发布的前后是否给相关股票带来了异常收益率，其理论基础是有效市场假说（Fama，1965）。大量研究表明我国证券市场存在弱式有效性（吴振翔 等，2007；张兵 等，2003），这为本书开展互联网财经新闻对证券市场的有效性检验提供了理论支撑。

事件研究法通过观察事件发生前后，股票是否产生异常收益率以及检验其显著性，来证明事件对价格波动的影响力。因此，首先需要对新闻发布前后的情况进行定义，在此提出估计窗和事件窗。估计窗是指新闻发布前的一段时间，用于计算股票的预期收益率；事件窗是指新闻发布前后的一段时间，用来衡量新闻对股票的影响。一般来说，新闻发布前估计窗选取的时间段比事件窗的时间段更长（Ahern，2009）。

本书中，首先，将新闻发布日定为第 0 日；其次，根据 Boehmer 等（1991）和 Cowan（1992）的研究，结合本书的数据和条件，将估计窗设置为 [−135，−16]，共 120 个交易日；再次，根据 Brown 和 Warner（1980）的研究，新闻对证券市场的影响是短暂的，对投资者的长期目标基本没有影响，故选取 [−15，15] 共 31 天作为事件窗；最后，计算事件窗内每日的平均异常收益率（AAR）和累积平均异常收益率（CAAR）。本书对估计窗和事件窗的定义如图 5.2 所示。

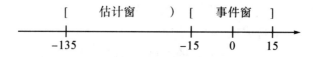

图 5.2 研究窗划分示意

新闻有效性检验的前提是确定股票的预期收益率，在收益率模型的选择上，本书采用 CAPM 模型，假定股票的收益率与市场的收益率存在稳定的线性关系，将股票收益率分解为市场风险带来的收益率与公司特有的收益率，去除与市场风险相关的收益部分，降低预期收益率的方差，进而增强检测新闻效应的有效性。但是，为了使本书的结果更加稳健，同时采用了 Fama 和 French（1993）提出的 FF3 模型，并进行了比较。

首先，基于 CAPM 模型的股票预期收益率的计算如下：

$$R_{i,t}^{C} = R_{f,t} + \beta_i(R_{M,t} - R_{f,t}) + \varepsilon_{i,t} \qquad 式（5.9）$$

其中，$R_{i,t}^{C}$ 是证券 i 在 t 时期的预期正常收益率；$R_{f,t}$ 是无风险利率，本书用同期的央行日度化基准利率代替；$R_{M,t}$ 是市场组合的收益率，沪市上市公司用上证综指代替，深市上市公司用深证成指代替。本书采用最小二乘法估计式（5.9）中的系数，估计期为新闻发布前 135 到前 16 天，即 [−135，−16]。

其次，计算异常收益率：

$$AR_{i,t}^{C} = R_{i,t}^{\text{actual}} - \widehat{R_{i,t}} \qquad 式（5.10）$$

其中，$\mathrm{AR}_{i,\,t}^{C}$ 为证券 i 在 t 时期基于 CAPM 模型的异常收益率；$R_{i,\,t}^{\mathrm{actual}}$ 为证券 i 在 t 时期的实际收益率；$\hat{R}_{i,\,t}$ 是证券 i 在事件窗中 t 时期的预期收益率，由估计窗的拟合模型得到。

再次，将所有股票的异常收益率进行算数平均，便得到平均异常收益率：

$$\mathrm{AAR}_t^C = \frac{1}{n}\sum_{i=1}^{n}\mathrm{AR}_{i,\,t}^C \qquad\qquad \text{式（5.11）}$$

其中，AAR_t^C 为 t 时期所有样本基于 CAPM 模型的平均异常收益率，$t \in [-15, 15]$；n 为样本的数量。累积平均异常收益率（CAAR_t^C）表示 t_1 时期与 t_2 时期之间的平均异常收益率（AAR_t^C）之和：

$$\mathrm{CAAR}_{t_1,\,t_2}^C = \sum_{t=t_1}^{t_2}\mathrm{AAR}_t^C \qquad\qquad \text{式（5.12）}$$

最后，需要对平均异常收益率和累积平均异常收益率进行显著性检验，即检验 AAR_t^C 与 $\mathrm{CAAR}_{t_1,\,t_2}^C$ 与 0 是否存在显著性差异。因此，构造的 T 统计量为

$$t_{\mathrm{AAR}_t^C} = \frac{\mathrm{AAR}_t^C}{\sigma(\mathrm{AAR}_t^C)/\sqrt{n}} \qquad\qquad \text{式（5.13）}$$

$$t_{\mathrm{CAAR}_{t_1,\,t_2}^C} = \frac{\mathrm{CAAR}_t^C}{\sigma(\mathrm{CAAR}_t^C)/\sqrt{n}} \qquad\qquad \text{式（5.14）}$$

其中，$\sigma(x)$ 表示 x 的标准差。在给定置信水平 θ（通常为 0.05）下，当统计结果无法拒绝原假设时，即 $t_{\mathrm{AAR}_t^C}$（或 $t_{\mathrm{CAAR}_{t_1,\,t_2}^C}$）与 0 无异，表明新闻证券市场没有显著影响；当统计结果拒绝原假设时，即 $t_{\mathrm{AAR}_t^C}$（或 $t_{\mathrm{CAAR}_{t_1,\,t_2}^C}$）与 0 存在显著差异，若 $t_{\mathrm{AAR}_t^C} > 0$，表明新闻发布的 t 时期，对证券市场产生了显著正向影响；若 $t_{\mathrm{AAR}_t^C} < 0$ 则表明产生了显著负向影响。

为了使研究结果更加稳健，本书也采用了 FF3 模型完成预期收益率的计算，具体如下：

$$R_{i,\,t}^{F} = R_{f,\,t} + \beta_{1,\,i}(R_{M,\,t} - R_{f,\,t}) + \beta_{2,\,i}\mathrm{SMB}_t + \beta_{3,\,i}\mathrm{HML}_t + \varepsilon_{i,\,t}$$

$$\text{式（5.15）}$$

其中，$R_{i,\,t}^{F}$ 证券 i 在 t 时期基于 FF3 模型的预期正常收益率；SMB_t 指规模因子，为小公司组合日收益率减去大公司组合日收益率的差；HML_t 指账面市值比因子，为高账面市值比公司组合日收益率减去低账面市值比公司组合

日收益率的差。

在得到每只股票基于 FF3 模型的预期收益率之后，重复式（5.10）~ 式（5.14）的步骤，即可得到基于 FF3 模型的平均异常收益率（AAR_t^F）和累积平均异常收益率（$CAAR_{t_1, t_2}^F$），以及它们的 T 统计量（$t_{AAR_t^F}$，$t_{CAAR_{t_1, t_2}^F}$）。此处不再赘述上述步骤。

至此，基于事件研究法的互联网财经新闻的发布给证券市场带来的异常收益率的计算和检验过程已经完成，对异常收益率的分析可以清晰地体现互联网财经新闻发布的前后，给证券市场收益率带来的影响。

（2）新闻情绪与股票收益率分析模型

为了进一步考察新闻具体内容对相关上市公司股票收益率的更具体的影响，本书遵循行为金融学的思路，即新闻中所传达的投资者情感是影响证券市场波动的重要因素（De Long et al.，1990），用新闻情感来代表新闻的内容。借鉴 Chen 等（2020）的方法，将新闻情绪变量纳入 CAPM 模型，探索新闻中情绪的变化对收益率影响的具体方向与大小。为了保证本书结果的稳健性，同时采用了 FF3 模型，并进行比较。基于 CAPM 的模型如下：

$$r_{i, t}^C = r_f + b_i(r_{M, t} - r_{f, t}) + \lambda_i \, emotion_{i, t} + \varepsilon_{i, t} \qquad \text{式（5.16）}$$

其中，$r_{i, t}^C$ 是证券 i 在 t 时期基于 CAPM 模型的收益率；$r_{f, t}$ 是无风险利率，本书用同期的央行日度化基准利率代替；$r_{M, t}$ 是市场组合的收益率，沪市上市公司用上证综指代替，深市上市公司用深证成指代替；$emotion_{i, t}$ 为证券 i 在 t 时期的新闻情绪因素，分别用积极情感因素 $pog_{i, t}$、消极情感因素 $neg_{i, t}$ 以及情感分歧度 $div_{i, t}$ 来代替，具体的衡量过程见式（4.8）~ 式（4.10）。

为了使本书的研究结果更加稳健，采用的基于 FF3 模型的新闻情感因素有效性研究模型如下：

$$r_{i, t}^F = r_f + b_i(r_{M, t} - r_{f, t}) + s_i \, SMB_t + h_i \, HML_t + \lambda_i \, emotion_{i, t} + \varepsilon_{i, t}$$

$$\text{式（5.17）}$$

其中，$r_{i, t}^F$ 是证券 i 在 t 时期基于 FF3 模型的收益率；$r_{f, t}$ 是无风险利率，用同期的央行日度化基准利率代替；$r_{M, t}$ 是市场组合的收益率，沪市上市公司用上证综指代替，深市上市公司用深证成指代替；SMB_t 为规模因子，衡量小市值股票和大市值股票的预期收益率之差对资产预期收益率的影响作用；HML_t 为价值因子，衡量高账面市值比股票和低账面市值比股票的预期收益率之差对资产预期收益率的影响作用；$emotion_{i,t}$ 为证券 i 在 t 时期的新闻情绪因素，分别用积极情感因素 $pog_{i,t}$、消极情感因素 $neg_{i,t}$ 以及情感分歧度 $div_{i,t}$ 来代替，具体的衡量过程见式（4.8）~式（4.10）。

至此，基于 CAPM 模型和 FF3 模型的互联网财经新闻主要内容，即情绪信息对证券市场预期收益率的影响性研究的模型构建与设定已经完成。通过对式（5.16）和式（5.17）中情感因素的系数 λ 的分析，能够清晰地体现新闻情感因素的波动给证券市场收益率带来的具体影响。

（3）高管媒体行为与证券市场媒体效应分析模型

为了验证本书的第九组假设，即公司高管的高曝光削弱了媒体对证券市场的影响力，也就是高管曝光行为对媒体与证券市场之间的关系具有负调节作用。本书在式（5.16）和式（5.17）中加入高管媒体曝光变量（EXPOSURE）和新闻情绪因素与高管媒体曝光的交乘项（emotion * EXPOSURE）：

$$r_{i,t}^{C} = r_f + b_i(r_{M,t} - r_{f,t}) + \lambda_i\,emotion_{i,t} + e_i\,EXPOSURE_{i,t}$$
$$+ \gamma_i\,emotion_{i,t} * EXPOSURE_{i,t} + \varepsilon_{i,t} \qquad \text{式 (5.18)}$$

$$r_{i,t}^{F} = r_f + b_i(r_{M,t} - r_{f,t}) + s_i\,SMB_t + h_i\,HML_t + \lambda_i\,emotion_{i,t}$$
$$+ e_i\,EXPOSURE_{i,t} + \gamma_i\,emotion_{i,t} * EXPOSURE_{i,t} + \varepsilon_{i,t}$$

$$\text{式 (5.19)}$$

上述式中，$EXPOSURE_{i,t}$ 为公司 i 在 t 时期高管的曝光率，当该公司在某一季度中的高管新闻与其所有新闻比例高于或等于所处行业一半公司时，则该公司在该季度的媒体曝光（EXPOSURE）为 1，否则为 0。CAPM 模型和 FF3 模型的互相验证同样是为了保证研究结果的稳健性。

本节提到的各变量的具体定义详见表 5.1。

表 5.1　变量说明

变量	描述
r^{C}（r^{F}）	基于 CAPM（FF3）模型的股票预期收益率
R_f	无风险利率，用日度化央行基准利率代替
R_M	市场组合的收益率，沪市上市公司用上证综指代替，深市上市公司用深证成指代替
SMB	规模因子，小公司组合日收益率与大公司组合日收益率的差

变量	描述
HML	账面市值比因子，高账面市值比公司组合日收益率与低账面市值比公司组合日收益率的差
AAR_t^C（AAR_t^F）	基于 CAPM（FF3）模型的平均异常收益率，实际收益率与预期收益率的差
$CAAR^C$（$CAAR^F$）	基于 CAPM（FF3）模型的累积平均异常收益率，平均异常收益率之和
pos	新闻积极情绪因素指标，用积极情感词数与总词数衡量
neg	新闻消极情绪因素指标，用消极情感词数与总词数衡量
div	新闻情绪分歧度指标，用积极情感词数和消极情感词数衡量
EXPOSURE	公司高管曝光度，曝光度高为 1，低为 0

5.4　实证结果与分析

本节在资产定价理论研究和模型构建的基础上，展开对"互联网财经新闻的发布给证券市场造成的异常收益""新闻情感因素对证券市场预期收益率影响性"以及"高管媒体行为在证券市场媒体效应中的作用机制"三方面的分析研究。本章在描述性统计分析与相关系数分析的基础上，首先，从施动者视角，揭示不同主题新闻对证券市场的影响力；其次，从受动者视角，探索新闻对不同行业公司冲击力的差异性；最后，从管理者视角，基于不同行业的上市公司，揭示公司高管的高曝光行为对财经新闻与证券市场关系的调节效应。

5.4.1　描述性统计分析

（1）互联网财经新闻描述性统计

表 5.2 展示了样本公司 2015 至 2017 年的互联网财经新闻分布情况，并按照新闻的情感倾向将其分为正面、负面和中立三类。其间共有互联网财经新闻 1 147 552 条，其中正面新闻 612 111 条，占 53.34%；负面新闻 364 300 条，占 31.75%；中立新闻 171 141 条，占 14.91%。正面新闻占了总数的一半以上，可见，我国的媒体更倾向于报道正面的消息或采用积极

的词语。中立新闻占了很小的一部分，可见绝大多数新闻报道都带有感情色彩，难以保持中立的态度。按年度来看，3 年期间新闻数量呈现逐渐上升的态势，但是新闻的情感倾向的比例基本维持稳定，正面新闻维持在略高于 50%，负面新闻维持在略高于 30%，中立新闻维持在 15% 左右。

表 5.2　分年度互联网财经新闻分布情况

年度	项目	总数量	正面新闻	负面新闻	中立新闻
2015	总数量/条	298 161	151 088	98 532	48 541
	占比/%	100	50.67	33.05	16.28
2016	总数量/条	392 276	215 432	121 421	55 423
	占比/%	100	54.92	30.95	14.13
2017	总数量/条	457 115	245 591	144 347	67 177
	占比/%	100	53.73	31.58	14.70
2015—2017	总数量/条	1 147 552	612 111	364 300	171 141
	占比/%	100	53.34	31.75	14.91

表 5.3 展示了不同主题的互联网财经新闻分布情况，并按照新闻的情感倾向将其分为正面、负面和中立三类。从不同主题来看，运营与业绩类新闻的数量最多，因为这类新闻与公司日常的经营、生产活动最为相关；违规处罚类新闻数量最少，因为此类新闻多为突发事件，上市公司少有发生。从情感倾向来看，除了违规处罚类，其他 6 类中的正面新闻数量都是大于负面和中立新闻的，且占到了 50% 以上，其中，正面新闻占比最高的是政策类新闻，达到了 67.90%，占比最低的是运营与业绩类，为53.24%；反观违规处罚类，负面新闻的数量是远高于正面和中立新闻的。

表 5.3　分主题互联网财经新闻分布情况

新闻主题	项目	总数量	正面新闻	负面新闻	中立新闻
公司高管类	总数量/条	139 564	81 938	40 177	17 449
	占比/%	100	58.71	28.79	12.50
政策类	总数量/条	95 325	64 727	11 939	18 659
	占比/%	100	67.90	12.52	19.57

表5.3(续)

新闻主题	项目	总数量	正面新闻	负面新闻	中立新闻
运营与业绩类	总数量/条	335 880	178 816	93 646	63 418
	占比/%	100	53.24	27.88	18.88
持股变动类	总数量/条	177 076	96 621	48 810	31 645
	占比/%	100	54.56	27.56	17.87
重组并购类	总数量/条	116 523	70 879	32 126	13 518
	占比/%	100	60.83	27.57	11.60
ESG类	总数量/条	175 642	103 674	57 721	14 247
	占比/%	100	59.03	32.86	8.11
违规处罚类	总数量/条	107 542	15 456	79 881	12 205
	占比/%	100	14.37	74.28	11.35
总体	总数量/条	1 147 552	612 111	364 300	171 141
	占比/%	100	53.34	31.75	14.91

表5.4展示了不同行业的互联网财经新闻分布情况,并按照新闻的情感倾向将其分为了正面、负面和中立三类。从公司数量和新闻数量来看,制造业最多,科学研究和技术服务业最少;从平均每家公司的新闻数量来看,金融业上市公司新闻最多,可见金融业在我国证券市场中的重要地位;信息传输、软件和信息技术服务业新闻最少,可能是因为我国IT行业龙头企业多数没有在A股上市,上市的公司关注率并不高;从情感倾向来看,各行业的正面、负面、中立新闻数量占比差异不大,基本维持在53%、32%、15%左右。

表5.5展示了不同行业的公司高管新闻分布情况。从公司高管新闻数量和所有新闻数量来看,都是制造业的最多、科学研究和技术服务业最少。从高管新闻在所有新闻中的占比来看,房地产业、批发和零售业以及信息传输、软件和信息技术服务业占比最高;租赁和商务服务业、采矿业以及文化、体育和娱乐业占比最低。

表 5.4 分行业互联网财经新闻分布情况

行业	公司数量/家	新闻数量/条	平均每家公司新闻数/条	项目	正面新闻	负面新闻	中立新闻
农、林、牧、渔业	39	15 862	407	总数量/条	8 356	5 145	2 361
				占比/%	53	32	15
采矿业	66	27 668	419	总数量/条	14 246	8 986	4 436
				占比/%	51	32	16
制造业	1 629	704 859	433	总数量/条	376 461	223 346	105 052
				占比/%	53	32	15
电力、热力、燃气及水的生产和供应业	84	40 457	482	总数量/条	21 348	12 753	6 356
				占比/%	53	32	16
建筑业	66	38 829	588	总数量/条	20 135	12 720	5 974
				占比/%	52	33	15
批发和零售业	149	65 044	437	总数量/条	34 790	20 602	9 652
				占比/%	53	32	15
交通运输、仓储和邮政业	81	42 755	528	总数量/条	22 820	13 552	6 383
				占比/%	53	32	15
信息传输、软件和信息技术服务业	137	39 582	289	总数量/条	21 503	12 252	5 827
				占比/%	54	31	15
金融业	46	38 553	838	总数量/条	20 376	12 352	5 825
				占比/%	53	32	15
房地产业	121	60 299	498	总数量/条	33 254	18 462	8 583
				占比/%	55	31	14
租赁和商务服务业	24	14 278	595	总数量/条	7 472	4 739	2 067
				占比/%	52	33	14
科学研究和技术服务业	18	8 670	482	总数量/条	4 624	2 917	1 129
				占比/%	53	34	13

表5.4(续)

行业	公司数量/家	新闻数量/条	平均每家公司新闻数/条	项目	正面新闻	负面新闻	中立新闻
水利、环境和公共设施管理业	25	17 437	697	总数量/条	9 258	5 632	2 547
				占比/%	53	32	15
文化、体育和娱乐业	33	20 896	633	总数量/条	11 024	6 733	3 139
				占比/%	53	32	15

注：本书根据证监会《上市公司行业分类指引》① 规定的 18 个行业和上市公司行业分类结果②，剔除因上市公司数量过少，无法代表行业整体特征的三个行业：住宿和餐饮业（9 家）、卫生和社会工作业（4 家）、教育业（1 家）；以及难以衡量行业特征的综合门类。因此本表报告了 14 个行业的互联网财经新闻分布情况。

表 5.5　分行业公司高管新闻分布情况

行业	公司高管新闻数量/条	所有新闻数量/条	高管新闻占比/%
农、林、牧、渔业	1 964	15 862	12.38
采矿业	2 893	27 668	10.46
制造业	81 823	704 859	11.61
电力、热力、燃气及水的生产和供应业	4 642	40 457	11.47
建筑业	4 532	38 829	11.67
批发和零售业	9 244	65 044	14.21
交通运输、仓储和邮政业	5 356	42 755	12.53
信息传输、软件和信息技术服务业	5 889	39 582	14.88
金融业	4 396	38 553	11.40
房地产业	9 843	60 299	16.32
租赁和商务服务业	1 414	14 278	9.90

---

① 资料来源：http://www.csrc.gov.cn/pub/zjhpublic/G00306201/201211/t20121116_216990.htm.

② 资料来源：http://www.csrc.gov.cn/pub/newsite/scb/ssgshyfljg/index.htm.

表5.5(续)

行业	公司高管 新闻数量/条	所有新闻 数量/条	高管新闻 占比/%
科学研究和技术服务业	1 184	8 670	13.66
水利、环境和公共 设施管理业	2 048	17 437	11.75
文化、体育和娱乐业	2 253	20 896	10.78

（2）主要变量描述性统计

表5.6展示了主要变量的描述性统计。从表中可以看出，在2015—2017年，样本公司的股票收益率（r）和市场收益率（$R_M - R_f$）的均值分别为0.005 6和0.000 3，标准差为0.038 3和0.016 8，说明研究期间证券市场整体处于平稳且上升的态势。新闻情绪因素方面，三个情绪因素的均值与中位数差异都比较小，数据分布比较均匀。其中，积极因素（pos）均值最大（3.131 1），且波动最为剧烈，标准差达到2.456 2；消极因素（neg）均值最小（-0.007 8），且波动最为平稳，标准差为0.957 7；从neg的各项统计都小于pos可以看出，新闻的情绪因素符合本书的预期，即我国媒体更倾向于报道好消息和使用积极的情感词来撰写文章，即使是报道负面消息，只会使用比较少的负面情感词汇，这可能与我国缺乏做空机制有关，媒体通过对负面消息的宣传来打压市场不能带来收益，而通过制造或传播利好消息抬高股价，来从中获利显得更为容易。公司高管曝光度（EXPOSURE）方面，均值为0.517 5，表示51.75%的上市公司高管曝光度为高，略高于50%是因为若某公司高管曝光率等于所有公司的中位数同样算为高曝光。

表5.6　描述性统计结果

变量	均值	标准差	MIN	P25	P50	P75	MAX
r	0.005 6	0.038 3	-0.103 2	-0.018 1	-0.004 1	0.010 9	0.103 4
$R_M - R_f$	0.000 3	0.016 8	-0.094 0	-0.004 0	0.001 0	0.006 0	0.070 0
SMB	0.000 4	0.011 9	-0.085 8	-0.003 6	0.001 3	0.006 1	0.055 5
HML	0	0.008 3	-0.037 6	-0.003 8	-0.000 3	0.003 1	0.051 1
pos	3.131 1	2.456 2	-2.311 4	1.323 9	2.744 2	4.543 1	31.054 1

表5.6(续)

变量	均值	标准差	MIN	P25	P50	P75	MAX
neg	−0.007 8	0.957 7	−2.311 4	−0.678 9	−0.193 1	0.434 4	14.937 0
div	1.251 6	0.966 0	−4.499 8	0.693 1	1.207 8	1.871 8	6.436 2
EXPOSURE	0.517 5	0.494 0	0	0	1.000 0	1.000 0	1.000 0

5.4.2 相关系数分析

表5.7展示了各变量之间的 Pearson 和 Spearman 相关系数。从表中数据可以看出，上市公司个股的收益率（r）和市场收益率（$R_M - R_f$）的 Pearson 相关系数和 Spearman 相关系数分别为 0.534 9 和 0.522 0，存在较高的相关性，且均在 1% 的水平下显著；个股收益率（r）与规模因子（SMB）的关系显著为正，与账面市值比因子（HML）的关系显著为负，说明小规模股票和成长股更容易获得收益；个股收益率（r）与新闻积极因素（pos）的关系显著为正，与新闻消极因素（neg）的关系显著为负，与情绪分歧度（div）的关系显著为正，表明从统计意义上看，新闻情绪因素与股票收益率是显著相关的，且正面指标与收益率正向相关，负面指标与收益率负向相关，情感分歧指标与收益率正向相关。值得一提的是，pos 与 neg 表现出显著的负相关性，说明新闻中的正面情感词汇与负面情感词汇呈现显著的负向关系；pos 与 div 表现出显著的正相关性，因为 div 是通过新闻正、负情感词的差异来衡量的，pos 与 div 的高度相关性表明新闻中的正面情感词个数远大于负面情感词。因此，分别采用三种不同的指标（pos、neg、div）来衡量同一篇新闻的内容，为本书结果的稳健性提供了支撑。

表 5.7 相关系数分析表

变量	r	$R_M - R_f$	SMB	HML	pos	neg	div	EXPOSURE
r	1	0.522 0***	0.403 4***	-0.384 8***	0.028 7***	-0.016 6***	0.033 7***	-0.004 4***
$R_M - R_f$	0.534 9***	1	0.279 2***	-0.283 7***	-0.003 7***	0.000 7	-0.004 0***	-0.004 6***
SMB	0.421 8***	0.290 5***	1	-0.339 5***	0.001 1	0.001 1	-0.000 1	-0.020 8***
HML	-0.408 6***	-0.301 8***	-0.434 5***	1	0.001 2*	0.000 8	0.001 2*	0.008 5***
pos	0.028 8***	-0.001 5**	0.003 2***	-0.000 5	1	-0.117 7***	0.847 9***	0.020 9***
neg	-0.012 2***	-0.001 5**	-0.000 8	0.003 6***	-0.041 9***	1	-0.377 2***	-0.006 6***
div	0.035 0***	-0.003 1***	0.003 0***	-0.001 2	0.838 9***	-0.411 2***	1	0.022 8***
EXPOSURE	-0.000 2	-0.003 4***	-0.014 2***	0.006 8***	0.021 6***	0.001 8**	0.023 6***	1

注：①*，**和***分别表示10%、5%和1%的显著性水平；②左下三角部分为 Pearson 相关系数检验结果，右上三角部分为 Spearman 相关系数检验结果。

5.4.3 实证结果

5.4.3.1 异质性新闻与证券市场：基于施动者视角

本节从施动者视角，考察了不同主题新闻发布前后对证券市场异常收益率的影响，以及不同主题新闻的情感因素与证券市场收益率的关系。

（1）公司高管类新闻

表5.8和表5.9分别展示了基于CAPM模型的公司高管类新闻以及其中正面新闻、负面新闻和中立新闻发布前后15日给整个证券市场带来的平均异常收益率（AAR）和累积平均异常收益率（CAAR）的统计描述情况。为了更形象地展示表中的研究结果，图5.3绘制了新闻发布前后15日的异常收益率的变化趋势。

首先看公司高管类的所有新闻，在新闻发布前10日，股价出现了显著的正向异动，这种正向异动在新闻发布前1日达到最高值0.09%，新闻的显著影响持续到发布后的1日。CAAR在新闻发布后的第2日达到最高值0.56%，在此之前呈现快速上升的趋势，之后则缓慢回调，但是回调的幅度有限，没有回复到正常状态（没有新闻的状态），说明在消息出现之前就已经被市场知晓。其次看正面新闻，不论是AAR还是CAAR，其走势和显著性与所有新闻基本一致，原因可能是公司高管类新闻中近6成是正面新闻。再次看负面新闻，在其发布前1日到发布后1日，股价出现了显著的负向异动，并且波动最为剧烈，达到了-0.14%、-0.26%和-0.16%。CAAR呈现一路下跌的趋势，新闻发布加剧了该趋势。最后看中立新闻，并没有给市场带来显著的影响。

因此，通过对上述公司高管类新闻有效性的分析，可以得到以下结论：①公司高管类新闻的发布对相关公司股价的收益率确实存在显著的影响，证明假设1a成立；②正面新闻对股价的显著影响主要集中在发布前10日至后1日，且影响是积极的；③负面新闻对股价的显著影响集中在发布前1日至后1日，且影响是消极的；④正面新闻发布前后CAAR有明显的由涨转跌的反转趋势，负面新闻的发布则加剧了CAAR的下跌。

表 5.8　公司高管类新闻的平均异常收益率检验统计表

事件窗	所有新闻 AAR^c	正面新闻 AAR^c	负面新闻 AAR^c	中立新闻 AAR^c
−15	0.001 7	0.003 7	0.010 1	−0.206 5
−14	0.025 5**	0.032 3***	−0.102 5*	0.015 6
−13	0.025 2**	0.031 3***	−0.070 2	−0.070 9
−12	−0.001 4	0.001 8	−0.079 3	0.074 5
−11	0.008 1	0.006 0	0.043 2	0.035 4
−10	0.051 8***	0.054 6***	−0.003 3	0.060 0
−9	0.036 6***	0.042 1***	−0.047 3	−0.061 7
−8	0.038 0***	0.039 9***	0.007 0	0.014 7
−7	0.028 8**	0.034 0***	−0.056 7	−0.037 1
−6	0.023 1*	0.030 2**	−0.117 2*	0.049 0
−5	0.030 1**	0.035 8***	−0.053 9	−0.090 2
−4	0.016 9	0.018 2	−0.024 8	0.091 7
−3	0.025 1*	0.030 0**	−0.020 6	−0.196 5
−2	0.068 9***	0.075 4***	−0.061 5	0.095 8
−1	0.094 1***	0.107 8***	−0.137 2**	−0.043 2
0	0.061 3***	0.080 4***	−0.263 2***	−0.127 9
1	0.027 8**	0.039 0***	−0.158 0***	−0.102 1
2	0.002 2	0.006 9	−0.085 8	−0.006 2
3	−0.012 0	−0.007 0	−0.106 4*	−0.017 1
4	−0.009 2	−0.012 8	0.048 3	0.039 2
5	−0.002 3	−0.000 4	−0.063 2	0.104 9
6	−0.018 6	−0.018 8	−0.027 7	0.039 7
7	−0.021 2*	−0.021 3*	−0.014 4	−0.041 0
8	0.001 4	0.003 3	−0.002 0	−0.150 4
9	−0.049 2***	−0.050 2***	−0.001 6	−0.174 7
10	−0.079 8***	−0.076 9***	−0.141 9**	−0.044 2
11	−0.034 1***	−0.030 7**	−0.098 6	−0.033 8
12	0.032 1***	0.036 0***	−0.049 8	0.060 3
13	0.013 5	0.016 5	0.027 1	−0.315 6*

表5.8(续)

事件窗	所有新闻 AAR^c	正面新闻 AAR^c	负面新闻 AAR^c	中立新闻 AAR^c
14	−0.002 9	−0.001 4	−0.000 6	−0.146 2
15	−0.044 9 ***	−0.047 6 ***	−0.029 6	0.127 4

注：*、** 和 *** 分别表示10%、5%和1%的显著性水平；1个单位表示1%的日收益率。

表5.9 公司高管类新闻的累积平均异常收益率检验统计表

事件窗	所有新闻 CAAR^c	正面新闻 CAAR^c	负面新闻 CAAR^c	中立新闻 CAAR^c
−15	0.001 7	0.003 70	0.010 1	−0.206 5
−14	0.027 2	0.035 9 **	−0.092 4	−0.190 9
−13	0.052 4	0.067 3 ***	−0.162 7	−0.261 7
−12	0.051 0	0.069 1 ***	−0.242 0 *	−0.187 2
−11	0.059 2	0.075 1 **	−0.198 7	−0.151 8
−10	0.110 9 ***	0.129 6 ***	−0.202 1	−0.091 8
−9	0.147 5 ***	0.171 7 ***	−0.249 4	−0.153 5
−8	0.185 5 ***	0.211 6 ***	−0.242 5	−0.138 8
−7	0.214 3 ***	0.245 6 ***	−0.299 1	−0.175 8
−6	0.237 4 ***	0.275 8 ***	−0.416 3 *	−0.126 9
−5	0.267 5 ***	0.311 6 ***	−0.470 2 **	−0.217 1
−4	0.284 4 ***	0.329 8 ***	−0.494 9 **	−0.125 4
−3	0.309 4 ***	0.359 8 ***	−0.515 5 **	−0.322 0
−2	0.378 3 ***	0.435 3 ***	−0.577 0 **	−0.226 2
−1	0.472 4 ***	0.543 0 ***	−0.714 2 **	−0.269 4
0	0.533 7 ***	0.623 5 ***	−0.977 4 ***	−0.397 3
1	0.561 6 ***	0.662 5 ***	−1.135 4 ***	−0.499 4
2	0.563 7 ***	0.669 4 ***	−1.221 1 ***	−0.505 6
3	0.551 8 ***	0.662 4 ***	−1.327 5 ***	−0.522 6
4	0.542 6 ***	0.649 6 ***	−1.279 2 ***	−0.483 4
5	0.540 2 ***	0.649 3 ***	−1.342 4 ***	−0.378 5
6	0.521 6 ***	0.630 5 ***	−1.370 1 ***	−0.338 8

表5.9(续)

事件窗	所有新闻 CAAR^c	正面新闻 CAAR^c	负面新闻 CAAR^c	中立新闻 CAAR^c
7	0.500 4 ***	0.609 1 ***	−1.384 5 ***	−0.379 8
8	0.501 8 ***	0.612 4 ***	−1.386 5 ***	−0.530 2
9	0.452 6 ***	0.562 2 ***	−1.388 1 ***	−0.704 9
10	0.372 9 ***	0.485 3 ***	−1.529 9 ***	−0.749 1
11	0.338 8 ***	0.454 6 ***	−1.628 3 ***	−0.782 8
12	0.370 9 ***	0.490 6 ***	−1.678 0 ***	−0.722 5
13	0.384 4 ***	0.507 2 ***	−1.651 0 ***	−1.038 1
14	0.381 5 ***	0.505 8 ***	−1.651 5 ***	−1.184 3
15	0.336 6 ***	0.458 1 ***	−1.681 0 ***	−1.056 9

注: * 、** 和 *** 分别表示 10%、5% 和 1% 的显著性水平；1 个单位表示 1% 的日收益率。

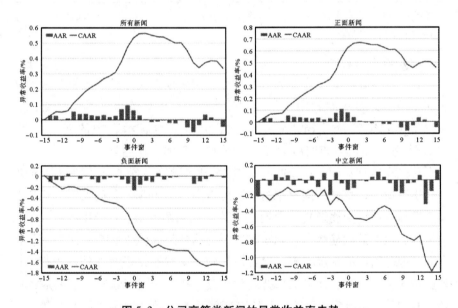

图 5.3 公司高管类新闻的异常收益率走势

表 5.10 展示了基于 CAPM 模型和 FF3 模型的公司高管类新闻情绪因素与市场日收益率的关系。可以看到，基于 CAPM 模型的收益率和基于 FF3 模型的收益率，符号、大小、T 检验的结果都是一致的，这说明二者的估计结果是一致的、稳健的。为了便于说明，下面我们仅就基于 CAPM

模型的结果进行说明。另外，在其他主题新闻的情绪有效性研究中，也采取类似的处理。

对于公司高管类新闻，可以发现：①新闻中的积极、消极情绪和情感分歧指标的回归系数均在 1% 的显著水平。②积极情绪给收益率带来了正面影响；消极情绪带来了负面影响，且影响程度大于积极情绪；情感分歧对收益率的正面影响最大。上述结论支持了假设 1b。

表 5.10　公司高管类新闻情绪指标与收益率

模型	股票收益率（ r ）		
	pos	neg	div
CAPM（ r^C ）	0.024 *** (7.98)	−0.060 *** (−3.61)	0.062 *** (8.36)
FF3（ r^F ）	0.025 *** (8.81)	−0.059 *** (−3.77)	0.065 *** (9.33)

注：*、** 和 *** 分别表示 10%、5% 和 1% 的显著性水平；1 个单位表示 1% 的日收益率；括号内为 T 检验的统计值。

（2）政策类新闻

表 5.11 和表 5.12 分别展示了基于 CAPM 模型的政策类新闻以及其中正面新闻、负面新闻和中立新闻发布前后 15 日给整个证券市场带来的 AAR 和 CAAR 的统计描述情况。为了更形象地展示表中的研究结果，图 5.4 绘制了新闻发布前后 15 日的异常收益率的变化趋势。

首先看所有新闻，在新闻发布前 15 日，股价出现了显著的正向异动，并且逐渐增强，直到新闻发布当天达到最高值 0.34%，新闻发布的后 1 日至 3 日异动由正向逐渐转向负向，显著影响到第 8 日。CAAR 在新闻发布前呈现加速上升的趋势，直到发布后 1 日达到最高值 1.44%，之后则缓慢回调，但是回调的幅度有限，没有回复到正常状态，说明在消息出现之前就已经被市场知晓，而且前后持续时间长。其次看正面新闻，不论是 AAR 还是 CAAR，其走势和显著性与所有新闻基本一致，原因可能是政策类新闻中绝大部分（近 7 成）是正面新闻。再次看负面新闻，在其发布前 1 日到发布后 2 日，股价出现了显著的负向异动，并且发布当天 AAR 达到 −0.30%。CAAR 在新闻发布前缓慢下跌，发布后的 6 天加速了下跌趋势。最后看中立新闻，没有产生显著的影响。

因此，通过对上述政策类新闻的有效性分析，可以得到以下结论：①政策类新闻的发布对相关公司股价的收益率确实存在显著的影响，证明假设 2a 成立；②正面新闻对股价的显著影响主要集中在发布前 15 日至后 8 日，影响由发布前的积极转向发布后的消极；③负面新闻对股价的显著影响集中在发布前 1 日至后 2 日，且影响是消极的；④正面新闻发布前后 CAAR 有明显的由涨转跌的反转趋势，负面新闻的发布则加剧了 CAAR 的下跌。

表 5.11　政策类新闻的平均异常收益率检验统计表

事件窗	所有新闻 AAR^c	正面新闻 AAR^c	负面新闻 AAR^c	中立新闻 AAR^c
−15	0.031 6***	0.029 5***	0.089 6	0.073 4
−14	0.028 5***	0.031 5***	−0.062 8	0.011 5
−13	0.052 7***	0.056 1***	0.005 9	−0.185 2
−12	0.024 2**	0.028 8***	−0.092 3	−0.085 8
−11	0.044 3***	0.050 7***	−0.150 0**	0.004 3
−10	0.050 9***	0.052 4***	0.009 1	0.032 8
−9	0.051 1***	0.051 2***	0.040 1	0.083 8
−8	0.025 6**	0.028 9***	−0.071 6	0.002 9
−7	0.032 6***	0.037 2***	−0.074 5	−0.110 6
−6	0.057 4***	0.060 5***	−0.020 3	−0.024 3
−5	0.068 1***	0.073 1***	−0.037 7	−0.145 9
−4	0.085 3***	0.088 4***	0.038 0	−0.111 4
−3	0.096 0***	0.099 5***	0.044 1	−0.137 9
−2	0.123 9***	0.127 4***	0.008 9	0.136 5
−1	0.223 8***	0.236 9***	−0.145 4*	0.049 8
0	0.337 7***	0.362 1***	−0.298 5***	−0.186 8
1	0.102 9***	0.114 1***	−0.235 9***	0.048 5
2	−0.002 4	0.004 2	−0.231 6***	0.085 5
3	−0.028 7**	−0.030 3***	−0.040 2	0.206 5
4	−0.135 5***	−0.128 2***	−0.284 8***	−0.461 4
5	−0.125 5***	−0.121 7***	−0.196 5**	−0.320 9
6	−0.068 8***	−0.065 1***	−0.038 6	−0.648 5*
7	−0.039 5***	−0.040 8***	−0.000 4	−0.033 9

表5.11(续)

事件窗	所有新闻 AAR^c	正面新闻 AAR^c	负面新闻 AAR^c	中立新闻 AAR^c
8	−0.025 4 **	−0.022 3 **	−0.116 6 *	−0.051 7
9	−0.016 9	−0.023 3 **	0.164 9 ***	0.066 6
10	−0.014 7	−0.017 0	0.035 3	0.085 4
11	−0.018 1 *	−0.017 7	−0.068 2	0.130 8
12	0.006 1	0.009 0	−0.078 5	−0.023 2
13	−0.022 9 **	−0.021 5 **	−0.060 9	−0.058 0
14	−0.012 1	−0.009 1	−0.096 9	−0.045 9
15	−0.035 4 ***	−0.035 4 ***	−0.027 5	−0.065 8

注：*、** 和 *** 分别表示10%、5%和1%的显著性水平；1个单位表示1%的日收益率。

表5.12　政策类新闻的累积平均异常收益率检验统计表

事件窗	所有新闻 CAAR^c	正面新闻 CAAR^c	负面新闻 CAAR^c	中立新闻 CAAR^c
−15	0.031 6 ***	0.029 5 ***	0.089 6	0.073 4
−14	0.060 1 ***	0.061 0 ***	0.026 8	0.084 8
−13	0.112 9 ***	0.117 1 ***	0.032 7	−0.100 3
−12	0.137 0 ***	0.145 9 ***	−0.059 6	−0.186 1
−11	0.181 3 ***	0.196 6 ***	−0.209 5	−0.181 8
−10	0.232 2 ***	0.249 0 ***	−0.200 4	−0.149 0
−9	0.283 3 ***	0.300 2 ***	−0.160 3	−0.065 3
−8	0.309 0 ***	0.329 1 ***	−0.231 9	−0.062 4
−7	0.341 6 ***	0.366 3 ***	−0.306 4	−0.172 9
−6	0.399 0 ***	0.426 8 ***	−0.326 7	−0.197 3
−5	0.467 1 ***	0.499 9 ***	−0.364 5	−0.343 2
−4	0.552 4 ***	0.588 3 ***	−0.326 5	−0.454 5
−3	0.648 4 ***	0.687 8 ***	−0.282 4	−0.592 4
−2	0.772 3 ***	0.815 3 ***	−0.273 5	−0.455 9
−1	0.996 1 ***	1.052 2 ***	−0.418 9	−0.406 0
0	1.333 8 ***	1.414 3 ***	−0.717 4 **	−0.592 8
1	1.436 7 ***	1.528 4 ***	−0.953 2 ***	−0.544 3
2	1.434 3 ***	1.532 6 ***	−1.184 7 ***	−0.458 8

表5.12(续)

事件窗	所有新闻 CAAR^c	正面新闻 CAAR^c	负面新闻 CAAR^c	中立新闻 CAAR^c
3	1.405 6***	1.502 3***	−1.224 8***	−0.252 3
4	1.270 1***	1.374 2***	−1.509 1***	−0.713 8
5	1.144 6***	1.252 5***	−1.705 2***	−1.034 6
6	1.075 9***	1.187 4***	−1.743 8***	−1.683 2
7	1.036 4***	1.146 6***	−1.744 2***	−1.717 1
8	1.011 0***	1.124 3***	−1.860 5***	−1.768 8*
9	0.994 1***	1.101 0***	−1.696 1***	−1.702 2
10	0.979 4***	1.084 0***	−1.660 9***	−1.616 8
11	0.961 3***	1.066 3***	−1.728 8***	−1.486 0
12	0.967 4***	1.075 3***	−1.807 0***	−1.509 2
13	0.944 5***	1.053 8***	−1.867 6***	−1.567 1
14	0.932 4***	1.044 7***	−1.964 2***	−1.613 0
15	0.897 0***	1.009 3***	−1.991 5***	−1.678 8

注：*、**和***分别表示10%、5%和1%的显著性水平；1个单位表示1%的日收益率。

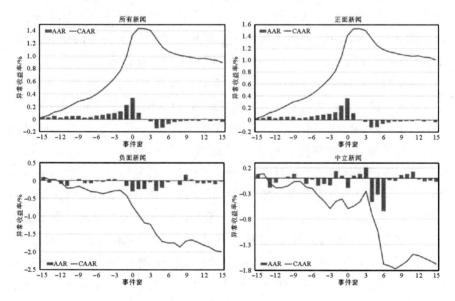

图5.4　政策类新闻的异常收益率走势

表 5.13 展示了基于 CAPM 模型和 FF3 模型的政策类新闻情绪因素与市场日收益率的关系。对于政策类新闻，可以发现：①新闻中的积极、消极情绪和情感分歧指标的回归系数均在 1% 的显著水平。②积极情绪给收益率带来正面影响；消极情绪带来负面影响，且影响程度大于积极情绪；情感分歧带来正面的影响，且影响最大。上述结论支持了假设 2b。

表 5.13　政策类新闻情绪指标与收益率

模型	股票收益率（r）		
	pos	neg	div
CAPM（r^C）	0.060 *** (26.14)	−0.094 *** (−6.86)	0.195 *** (31.27)
FF3（r^F）	0.057 *** (26.49)	−0.086 *** (−6.67)	0.187 *** (31.78)

注：* 、** 和 *** 分别表示 10%、5% 和 1% 的显著性水平；1 个单位表示 1% 的日收益率；括号内为 T 检验的统计值。

（3）运营与业绩类新闻

表 5.14 和表 5.15 分别展示了基于 CAPM 模型的运营与业绩类新闻以及其中正面新闻、负面新闻和中立新闻发布前后 15 日给整个证券市场带来的 AAR 和 CAAR 的统计描述情况。为了更形象地展示表中的研究结果，图 5.5 绘制了新闻发布前后 15 日的异常收益率的变化趋势。

首先看所有新闻，在新闻发布前 15 日，股价出现了显著的正向异动，并且逐渐增强，直到新闻发布当天达到最高值 0.26%，新闻发布后的 AAR 有正有负，但是变化幅度明显小于新闻发布前。CAAR 在新闻发布前呈现加速上升的趋势，直到发布后 3 日达到最高值 1.20%，之后基本维持平稳。其次看正面新闻，不论是 AAR 还是 CAAR，其走势和显著性与所有新闻基本一致，原因可能是政策类新闻中一半以上是正面新闻。再次看负面新闻，在其发布前 3 日到发布后 1 日，股价出现了显著的异动，发布前为正向，发布后为负向，发布当日和后 1 日的 AAR 远小于其他日，为 −0.25% 和 −0.26%。CAAR 在新闻发布前呈现快速上升的趋势，并达到 0.33%，新闻发布后的五天快速下调到 −0.33%。最后看中立新闻，没有给市场带来显著的影响。

因此，通过对上述运营与业绩类新闻的有效性分析，可以得到以下结论：①运营与业绩类新闻的发布对相关公司股价的收益率确实存在显著的

影响，证明假设 3a 成立；②正面新闻对股价的显著影响主要集中在发布前
15 日至后 6 日，影响由发布前的积极转向发布后的有涨有跌；③负面新闻
对股价的显著影响集中在发布前 3 日至后 2 日，且影响由积极转向消极；
④正面新闻发布前后 CAAR 有明显的由涨转平稳的趋势，负面新闻的发布
则导致向好的 CAAR 急速下降转为负。

表 5.14　运营与业绩类新闻的平均异常收益率检验统计表

事件窗	所有新闻 AAR^c	正面新闻 AAR^c	负面新闻 AAR^c	中立新闻 AAR^c
−15	0.019 2**	0.017 7**	0.030 4	0.064 2
−14	0.036 1***	0.037 7***	0.019 4	0.003 9
−13	0.063 3***	0.063 6***	0.054 5*	0.074 5
−12	0.027 4***	0.028 8***	−0.017 9	0.082 1
−11	0.032 5***	0.034 4***	−0.012 5	0.066 1
−10	0.038 8***	0.040 3***	0.003 1	0.063 3
−9	0.036 1***	0.036 7***	−0.011 6	0.140 2**
−8	0.025 2***	0.027 7***	−0.032 3	0.059 9
−7	0.038 7***	0.043 6***	0.021 7	−0.157 1**
−6	0.052 8***	0.058 1***	0.005 1	−0.077 5
−5	0.046 3***	0.049 2***	0.014 1	−0.007 5
−4	0.062 2***	0.064 1***	0.049 1	0.005 0
−3	0.083 1***	0.084 6***	0.094 6***	−0.024 4
−2	0.113 9***	0.114 7***	0.108 1***	0.086 6
−1	0.188 4***	0.201 3***	0.007 1	0.054 8
0	0.262 3***	0.297 8***	−0.248 6***	−0.077 1
1	0.071 2***	0.093 1***	−0.260 2***	−0.097 2
2	0.004 6	0.006 6	−0.036 6	0.019 5
3	0.001 2	0.002 9	−0.020 5	−0.022 6
4	−0.037 8***	−0.038 3***	−0.060 6*	0.049 9
5	−0.029 6***	−0.029 4***	−0.041 6	−0.007 1
6	−0.015 4**	−0.019 1**	0.054 6	−0.028 9
7	−0.002 3	−0.002 3	−0.001 3	−0.004 7

表5.14(续)

事件窗	所有新闻 AAR^c	正面新闻 AAR^c	负面新闻 AAR^c	中立新闻 AAR^c
8	0.003 6	−0.000 8	0.091 4 ***	−0.021 6
9	−0.016 4 **	−0.023 2 ***	0.082 0 **	0.045 9
10	−0.017 9 **	−0.023 6 ***	0.040 9	0.097 7
11	−0.010 0	−0.011 3	−0.032 1	0.110 3
12	0.018 1 **	0.017 5 **	0.049 8	−0.038 0
13	0.005 8	0.006 1	0.017 8	−0.042 1
14	0.008 8	0.008 5	−0.004 4	0.061 1
15	−0.027 1 ***	−0.028 3 ***	−0.012 6	−0.008 3

注: *、** 和 *** 分别表示10%、5%和1%的显著性水平；1个单位表示1%的日收益率。

表 5.15 运营与业绩类新闻的累积平均异常收益率检验统计表

事件窗	所有新闻 CAAR^c	正面新闻 CAAR^c	负面新闻 CAAR^c	中立新闻 CAAR^c
−15	0.019 2 **	0.017 7 **	0.030 4	0.064 2
−14	0.055 4 ***	0.055 4 ***	0.049 8	0.068 0
−13	0.118 6 ***	0.119 0 ***	0.104 4 *	0.142 5
−12	0.146 1 ***	0.147 8 ***	0.086 4	0.224 6 **
−11	0.178 6 ***	0.182 1 ***	0.073 9	0.290 7 **
−10	0.217 4 ***	0.222 4 ***	0.077 0	0.354 0 ***
−9	0.253 5 ***	0.259 1 ***	0.065 4	0.494 2 ***
−8	0.278 7 ***	0.286 8 ***	0.033 2	0.554 1 ***
−7	0.317 4 ***	0.330 4 ***	0.054 8	0.397 0 **
−6	0.370 1 ***	0.388 5 ***	0.059 9	0.319 5 *
−5	0.416 4 ***	0.437 7 ***	0.074 0	0.312 0
−4	0.478 7 ***	0.501 8 ***	0.123 1	0.317 0
−3	0.561 8 ***	0.586 5 ***	0.217 8	0.292 6
−2	0.675 6 ***	0.701 2 ***	0.325 9 **	0.379 2 *
−1	0.864 0 ***	0.902 5 ***	0.333 0 **	0.434 0 *
0	1.126 3 ***	1.200 2 ***	0.084 4	0.356 9

表5.15(续)

事件窗	所有新闻 CAAR^c	正面新闻 CAAR^c	负面新闻 CAAR^c	中立新闻 CAAR^c
1	1.197 5***	1.293 4***	−0.175 7	0.259 7
2	1.202 1***	1.300 0***	−0.212 3	0.279 2
3	1.203 4***	1.302 9***	−0.232 8	0.256 6
4	1.165 6***	1.264 6***	−0.293 4	0.306 5
5	1.136 0***	1.235 2***	−0.335 0*	0.299 4
6	1.120 5***	1.216 1***	−0.280 4	0.270 6
7	1.118 3***	1.213 9***	−0.281 6	0.265 9
8	1.121 8***	1.213 1***	−0.190 3	0.244 3
9	1.105 4***	1.189 9***	−0.108 4	0.290 2
10	1.087 5***	1.166 3***	−0.067 6	0.387 8
11	1.077 4***	1.155 0***	−0.099 6	0.498 1
12	1.095 6***	1.172 5***	−0.049 9	0.460 1
13	1.101 4***	1.178 7***	−0.032 2	0.418 0
14	1.110 2***	1.187 1***	−0.036 6	0.479 1
15	1.083 1***	1.158 8***	−0.049 2	0.470 8

注：*、**和***分别表示10%、5%和1%的显著性水平；1个单位表示1%的日收益率。

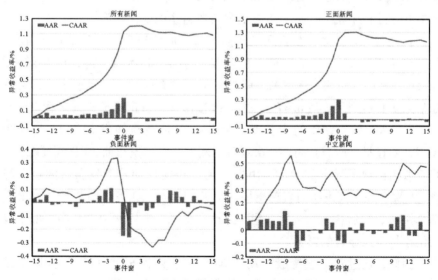

图5.5 运营与业绩类新闻的异常收益率走势

表 5.16 展示了基于 CAPM 模型和 FF3 模型的运营与业绩类新闻情绪因素与市场日收益率的关系。对于运营与业绩类新闻，可以发现：①新闻中的积极、消极情绪和情感分歧指标的回归系数均在 1% 的显著水平。②积极情绪给收益率带来正面影响；消极情绪带来负面影响，且影响程度大于乐观情绪；情感分歧带来积极的影响，且影响程度大于消极和积极情绪。上述结论支持了假设 3b。

表 5.16　运营与业绩类新闻情绪指标与收益率

模型	股票收益率（ r ）		
	pos	neg	div
CAPM（ r^{c} ）	0.067 *** (34.45)	-0.121 *** (-13.43)	0.227 *** (43.53)
FF3（ r^{F} ）	0.069 *** (37.43)	-0.117 *** (-13.87)	0.230 *** (46.93)

注：*、** 和 *** 分别表示 10%、5% 和 1%的显著性水平；1 个单位表示 1%的日收益率；括号内为 T 检验的统计值。

（4）持股变动类新闻

表 5.17 和表 5.18 分别展示了基于 CAPM 模型的持股变动类新闻以及其中正面新闻、负面新闻和中立新闻发布前后 15 日给整个证券市场带来的 AAR 和 CAAR 的统计描述情况。为了更形象地展示表中的研究结果，图 5.6绘制了新闻发布前后 15 日的异常收益率的变化趋势。

首先看所有新闻，在新闻发布前 1 日，股价出现了显著的正向异动，发布当天达到最高值 0.28%，新闻发布后 AAR 逐渐下降，由正转负。CAAR 在新闻发布前呈现逐渐下降的趋势，发布前后 1 日迅速上升，在发布后第 3 日达到最大值 0.37%，之后缓慢回调，由正转负。其次看正面新闻，其 AAR 和 CAAR 的走势基本相同，但是在新闻发布前 11 日产生 AAR，明显早于所有新闻。再次看负面新闻，在其发布前 10 日到发布后 1 日，股价出现了显著的异动，由发布前的正向异动转为发布后的负向异动。CAAR 在新闻发布前表现出快速上升的势态，在发布前 2 日达到最大值 1.40%，之后快速回调，直到回到正常水平。最后看中立新闻，似乎没有给市场带来显著的影响。

因此，通过对上述持股变动类新闻的有效性分析，可以得到以下结论：①持股变动类新闻的发布对相关公司股价的收益率确实存在显著的影响，证明假设4a成立；②正面新闻对股价的显著影响主要集中在发布前10日至后2日，影响由发布前的消极转向发布后的积极；③负面新闻对股价的显著影响集中在发布前10日至后1日，且影响由积极转向消极；④正面新闻发布前后1天CAAR有明显的拉升趋势，其他时间都是下降，负面新闻的发布则导致向好的CAAR急速下降为正常水平。

表 5.17　持股变动类新闻的平均异常收益率检验统计表

事件窗	所有新闻 AAR^c	正面新闻 AAR^c	负面新闻 AAR^c	中立新闻 AAR^c
−15	0.013 8	−0.005 6	0.103 8**	0.016 5
−14	−0.013 3	−0.016 2	−0.009 1	0.031 4
−13	0.034 0*	0.020 0	0.081 6	0.115 5
−12	0.001 8	−0.008 6	0.030 5	0.096 1
−11	−0.032 4	−0.052 7**	0.044 9	0.050 9
−10	−0.046 5**	−0.086 8***	0.132 7***	−0.008 9
−9	−0.024 5	−0.061 4***	0.116 0**	0.123 9
−8	−0.032 3	−0.077 4***	0.167 5***	0.016 7
−7	−0.002 1	−0.034 9	0.156 7***	−0.032 8
−6	−0.032 1	−0.043 1*	0.025 0	−0.059 9
−5	−0.062 8***	−0.091 8***	0.080 0	−0.099 3
−4	−0.031 3	−0.061 5***	0.128 2**	−0.120 7
−3	−0.040 0*	−0.084 0***	0.157 9***	−0.005 9
−2	−0.025 5	−0.074 9***	0.184 7***	0.068 6
−1	0.106 8***	0.134 8***	−0.029 8	0.136 1
0	0.278 1***	0.398 2***	−0.218 1***	−0.018 5
1	0.187 6***	0.300 4***	−0.278 2***	−0.091 7
2	0.073 4***	0.103 0***	−0.050 0	0.005 5
3	0.015 8	0.018 8	−0.018 4	0.112 2
4	−0.036 7*	−0.037 8	−0.004 3	−0.165 6*
5	−0.085 0***	−0.076 5***	−0.114 9**	−0.129 9

表5.17(续)

事件窗	所有新闻 AAR^c	正面新闻 AAR^c	负面新闻 AAR^c	中立新闻 AAR^c
6	−0.028 7	−0.038 8	0.019 5	−0.036 4
7	−0.043 8**	−0.023 6	−0.108 0*	−0.185 3*
8	−0.033 7*	−0.004 0	−0.151 3***	−0.129 7
9	−0.011 4	−0.012 0	0.002 2	−0.062 4
10	−0.061 5***	−0.059 6***	−0.031 1	−0.248 6**
11	−0.045 9**	−0.040 6*	−0.089 6	0.045 2
12	−0.086 0***	−0.061 8***	−0.153 0***	−0.301 6**
13	−0.077 0***	−0.064 7***	−0.123 7**	−0.125 9
14	−0.028 8	0.000 1	−0.133 9**	−0.168 2
15	−0.057 8***	−0.036 1*	−0.158 4***	−0.060 1

注：*、** 和 *** 分别表示10%、5%和1%的显著性水平；1个单位表示1%的日收益率。

表5.18 持股变动类新闻的累积平均异常收益率检验统计表

事件窗	所有新闻 CAAR^c	正面新闻 CAAR^c	负面新闻 CAAR^c	中立新闻 CAAR^c
−15	0.013 8	−0.005 6	0.103 8**	0.016 5
−14	0.000 6	−0.021 8	0.094 7	0.048 0
−13	0.034 5	−0.001 8	0.176 3*	0.163 5
−12	0.036 4	−0.010 4	0.206 8*	0.259 5
−11	0.004 0	−0.063 1	0.251 8*	0.310 4
−10	−0.042 5	−0.149 9**	0.384 5***	0.301 5
−9	−0.067 0	−0.211 3***	0.500 5***	0.425 5*
−8	−0.099 3	−0.288 7***	0.667 9***	0.442 2
−7	−0.101 4	−0.323 6***	0.824 6***	0.409 4
−6	−0.133 5*	−0.366 7***	0.849 6***	0.349 6
−5	−0.196 3**	−0.458 5***	0.929 5***	0.250 3
−4	−0.227 6***	−0.520 1***	1.057 8***	0.129 5

表5.18(续)

事件窗	所有新闻 CAAR^c	正面新闻 CAAR^c	负面新闻 CAAR^c	中立新闻 CAAR^c
−3	−0.267 6***	−0.604 1***	1.215 7***	0.123 6
−2	−0.293 1***	−0.679 0***	1.400 3***	0.192 2
−1	−0.186 3*	−0.544 2***	1.370 5***	0.328 4
0	0.091 8	−0.146 1	1.152 4***	0.309 8
1	0.279 4***	0.154 4	0.874 2***	0.218 1
2	0.352 8***	0.257 4**	0.824 2***	0.223 6
3	0.368 6***	0.276 2**	0.805 7***	0.335 7
4	0.331 9***	0.238 4**	0.801 4***	0.170 1
5	0.246 9**	0.161 9	0.686 5**	0.040 3
6	0.218 2*	0.123 1	0.706 0**	0.003 9
7	0.174 4	0.099 5	0.598 1**	−0.181 4
8	0.140 7	0.095 4	0.446 9	−0.311 2
9	0.129 3	0.083 4	0.449 1	−0.373 6
10	0.067 8	0.023 8	0.418 1	−0.622 1
11	0.021 9	−0.016 8	0.328 5	−0.576 9
12	−0.064 1	−0.078 6	0.175 7	−0.878 6
13	−0.141 0	−0.143 3	0.052 1	−1.004 5
14	−0.169 8	−0.143 3	−0.081 7	−1.172 7*
15	−0.227 5*	−0.179 3	−0.239 8	−1.232 8*

注：*、** 和 *** 分别表示10%、5%和1%的显著性水平；1个单位表示1%的日收益率。

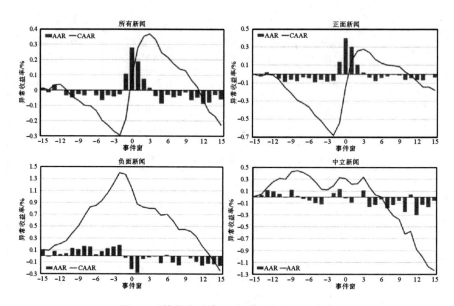

图5.6　持股变动类新闻的异常收益率走势

　　表5.19展示了基于CAPM模型和FF3模型的持股变动类新闻情绪因素与市场日收益率的关系。对于持股变动类新闻，可以发现：①新闻中的积极、消极情绪和情感分歧指标的回归系数均在1%的显著水平。②积极情绪给收益率带来了正面影响；消极情绪带来了负面影响，且影响程度大于积极情绪；情感分歧对收益率的正面影响最大。上述结论支持了假设4b。

表5.19　持股变动类新闻情绪指标与收益率

模型	股票收益率（r）		
	pos	neg	div
CAPM（r^C）	0.085 *** （16.19）	−0.162 *** （−9.73）	0.311 *** （22.13）
FF3（r^F）	0.097 *** （19.51）	−0.175 *** （−11.18）	0.344 *** （26.05）

　　注：*、**和***分别表示10%、5%和1%的显著性水平；1个单位表示1%的日收益率；括号内为T检验的统计值。

　　（5）重组并购类新闻
　　表5.20和表5.21分别展示了基于CAPM模型的重组并购类新闻以及

其中正面新闻、负面新闻和中立新闻发布前后 15 日给整个证券市场带来的
AAR 和 CAAR 的统计描述情况。为了更形象地展示表中的研究结果，
图 5.7 绘制了新闻发布前后 15 日的异常收益率的变化趋势。

首先看所有新闻，新闻对股价的显著影响几乎贯穿于整个事件窗，由
新闻发布前的正向异动变为发布后的负向异动，新闻发布当天异动达到最
大值 0.28%。CAAR 在新闻发布前加速上升，发布后一日达到 1.29% 的最
高值，之后缓慢回调，但是没有回复到正常水平。其次看正面新闻，不论
是 AAR 还是 CAAR，其走势和显著性与所有新闻基本一致，原因可能是重
组并购类新闻中近 6 成是正面新闻。再次看负面新闻，影响持续时间明显
短于正面新闻，并且总体呈现负向异动的趋势，只有在新闻发布的前 3 天
内有不显著的正向异动。CAAR 总体呈现快速下降的趋势，只有在新闻发
布前 3 天内有略微的回升趋势。最后看中立新闻，似乎没有给市场带来显
著的影响。

因此，通过对上述重组并购类新闻的有效性分析，可以得到以下结
论：①重组并购类新闻的发布对相关公司股价的收益率确实存在显著的影
响，证明假设 5a 成立；②正面新闻对股价的显著影响几乎贯穿于整个事件
窗，且在新闻发布后由积极影响转向消极影响；③负面新闻对股价的显著
影响仅持续了几天，且几乎都是负向的异动；④正面新闻发布前 CAAR 有
迅速拉升趋势，之后缓慢下降，负面新闻的发布加剧了 CAAR 的下降
趋势。

表 5.20　重组并购类新闻的平均异常收益率检验统计表

事件窗	所有新闻 AAR^c	正面新闻 AAR^c	负面新闻 AAR^c	中立新闻 AAR^c
−15	0.015 8	0.016 3	0.007 5	0.015 7
−14	0.026 5**	0.039 2***	−0.143 2***	−0.213 6**
−13	0.020 4*	0.027 6**	−0.059 8	−0.207 7
−12	0.028 6***	0.034 1***	−0.095 6*	0.213 3**
−11	0.043 4***	0.047 6***	−0.025 1	0.031 6
−10	0.034 1***	0.036 0***	0.005 1	0.020 6
−9	0.008 6	0.011 9	−0.066 7	0.127 0
−8	0.027 7**	0.032 1***	−0.046 5	0.028 9

表5.20(续)

事件窗	所有新闻 AAR^c	正面新闻 AAR^c	负面新闻 AAR^c	中立新闻 AAR^c
−7	0.030 9 ***	0.039 6 ***	−0.075 4	−0.181 2
−6	0.031 0 ***	0.040 8 ***	−0.108 9 *	−0.093 5
−5	0.061 4 ***	0.066 9 ***	−0.047 5	0.159 7
−4	0.068 1 ***	0.079 5 ***	−0.075 5	−0.195 6
−3	0.093 4 ***	0.096 1 ***	0.079 1	−0.073 3
−2	0.163 8 ***	0.164 2 ***	0.182 0 ***	0.021 3
−1	0.263 0 ***	0.272 6 ***	0.116 3	0.189 8
0	0.275 5 ***	0.311 2 ***	−0.307 6 ***	0.202 9
1	0.101 8 ***	0.121 8 ***	−0.229 3 ***	0.089 7
2	−0.003 1	0.005 0	−0.127 3 **	−0.069 4
3	−0.042 0 ***	−0.042 4 ***	−0.067 6	0.138 5
4	−0.047 9 ***	−0.044 0 ***	−0.114 7 **	−0.032 9
5	−0.030 6 ***	−0.026 9 **	−0.110 4 **	0.072 0
6	−0.031 3 ***	−0.026 4 **	−0.095 1 *	−0.136 7
7	−0.054 8 ***	−0.051 5 ***	−0.101 3 *	−0.106 5
8	−0.051 3 ***	−0.051 3 ***	−0.049 9	−0.058 2
9	−0.057 7 ***	−0.057 0 ***	−0.034 9	−0.249 8 **
10	−0.052 4 ***	−0.055 7 ***	−0.009 4	0.010 5
11	−0.034 4 ***	−0.033 7 ***	−0.070 2	0.094 1
12	−0.022 1 **	−0.017 3	−0.067 9	−0.215 7 *
13	−0.037 3 ***	−0.034 3 ***	−0.091 1 *	−0.012 0
14	−0.020 2 *	−0.017 7	−0.053 8	−0.073 3
15	−0.065 1 ***	−0.061 1 ***	−0.103 9 **	−0.222 9 *

注: *、** 和 *** 分别表示10%、5%和1%的显著性水平;1个单位表示1%的日收益率。

表 5.21 重组并购类新闻的累积平均异常收益率检验统计表

事件窗	所有新闻 $CAAR^c$	正面新闻 $CAAR^c$	负面新闻 $CAAR^c$	中立新闻 $CAAR^c$
−15	0.015 8	0.016 3	0.007 5	0.015 7
−14	0.042 3***	0.055 6***	−0.135 7*	−0.197 9
−13	0.062 7***	0.083 2***	−0.195 5*	−0.405 6*
−12	0.091 3***	0.117 3***	−0.291 1**	−0.192 4
−11	0.134 7***	0.164 8***	−0.316 2**	−0.160 8
−10	0.168 8***	0.200 8***	−0.311 1**	−0.140 2
−9	0.177 4***	0.212 7***	−0.377 8**	−0.013 2
−8	0.205 0***	0.244 8***	−0.424 3**	0.015 7
−7	0.236 0***	0.284 4***	−0.499 7***	−0.165 5
−6	0.267 0***	0.325 2***	−0.608 5***	−0.259 1
−5	0.328 5***	0.392 1***	−0.656 1***	−0.099 4
−4	0.396 5***	0.471 6***	−0.731 6***	−0.295 0
−3	0.490 0***	0.567 7***	−0.652 5***	−0.368 3
−2	0.653 8***	0.731 9***	−0.470 5*	−0.347 0
−1	0.916 8***	1.004 4***	−0.354 2	−0.157 3
0	1.192 2***	1.315 7***	−0.661 7**	0.045 7
1	1.294 1***	1.437 5***	−0.890 9***	0.135 4
2	1.290 9***	1.442 5***	−1.018 0***	0.066 0
3	1.248 9***	1.400 1***	−1.085 5***	0.204 4
4	1.201 1***	1.356 1***	−1.200 0***	0.171 5
5	1.170 5***	1.329 1***	−1.310 1***	0.243 5
6	1.139 2***	1.302 8***	−1.405 0***	0.106 8
7	1.084 4***	1.251 3***	−1.506 0***	0.000 3
8	1.033 1***	1.200 0***	−1.555 8***	−0.057 8
9	0.975 4***	1.143 0***	−1.590 6***	−0.307 6

表5.21(续)

事件窗	所有新闻 CAAR^c	正面新闻 CAAR^c	负面新闻 CAAR^c	中立新闻 CAAR^c
10	0.923 0 ***	1.087 3 ***	−1.599 9 ***	−0.297 1
11	0.888 6 ***	1.053 6 ***	−1.669 8 ***	−0.203 0
12	0.866 5 ***	1.036 4 ***	−1.737 5 ***	−0.418 7
13	0.829 3 ***	1.002 1 ***	−1.828 1 ***	−0.430 7
14	0.809 0 ***	0.984 4 ***	−1.881 7 ***	−0.504 1
15	0.744 0 ***	0.923 3 ***	−1.985 2 ***	−0.726 9

注：* 、** 和 *** 分别表示10%、5%和1%的显著性水平；1个单位表示1%的日收益率。

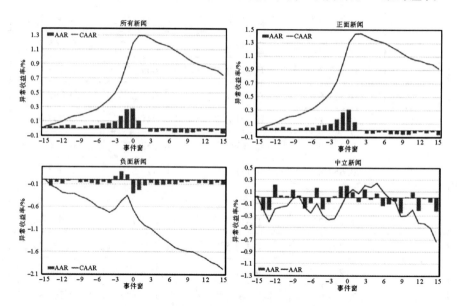

图5.7 重组并购类新闻的异常收益率走势

表5.22展示了基于CAPM模型和FF3模型的重组并购类新闻情绪因素与市场日收益率的关系。对于重组并购类新闻，可以发现：①新闻中的积极、消极情绪和情感分歧指标的回归系数均在1%的显著水平。②积极情绪给收益率带来了正面影响；消极情绪带来了负面影响，且影响程度大于积极情绪；情感分歧对收益率的正面影响最大。上述结论支持了假设5b。

表 5.22　重组并购类新闻情绪指标与收益率

模型	股票收益率（r）		
	pos	neg	div
CAPM（r^C）	0.071 *** (26.36)	−0.065 *** (−5.14)	0.234 *** (31.73)
FF3（r^F）	0.068 *** (27.12)	−0.061 *** (−5.15)	0.227 *** (32.71)

注：*、** 和 *** 分别表示10%、5%和1%的显著性水平；1个单位表示1%的日收益率；括号内为 T 检验的统计值。

（6）ESG 类新闻

表 5.23 和表 5.24 分别展示了基于 CAPM 模型的 ESG 类新闻以及其中正面新闻、负面新闻和中立新闻发布前后 15 日给整个证券市场带来的 AAR 和 CAAR 的统计描述情况。为了更形象地展示表中的研究结果，图 5.8绘制了新闻发布前后 15 日的异常收益率的变化趋势。

首先看所有新闻，在新闻发布前 13 日，股价出现了显著的正向异动，发布当天达到最高值 0.24%，新闻发布后 AAR 逐渐下降，由正转负。CAAR 在新闻发布前呈现加速上升的趋势，发布后出现缓慢回调，但是没有回复到正常水平。其次看正面新闻，其 AAR 和 CAAR 的走势基本相同，原因可能是 ESG 类新闻中近 6 成是正面新闻。再次看负面新闻，在其发布前 10 日到发布后 1 日，股价出现了显著的异动，由发布前的正向异动转为发布后的负向异动。CAAR 在新闻发布前表现出快速上升的势态，在发布前 2 日达到最大值 1.06%，之后快速回调，基本回到正常水平。最后看中立新闻，似乎没有给市场带来显著的影响。

因此，通过对上述 ESG 类新闻的有效性分析，可以得到以下结论：①ESG类新闻的发布对相关公司股价的收益率确实存在显著的影响，证明假设 6a 成立；②正面新闻对股价的显著影响主要集中在发布前 13 日至后 1 日，影响由发布前的积极转向发布后的消极；③负面新闻对股价的显著影响集中在发布前 10 日至后 1 日，且影响由积极转向消极；④正面新闻发布后 1 天 CAAR 由快速上升明显转向平稳趋势，负面新闻的发布则导致向好的 CAAR 急速下降为正常水平。

表 5.23　ESG 类新闻的平均异常收益率检验统计表

事件窗	所有新闻 AAR^c	正面新闻 AAR^c	负面新闻 AAR^c	中立新闻 AAR^c
−15	0.007 9	0.003 0	0.076 7**	−0.106 5
−14	0.015 3	0.018 5	0.015 8	−0.117 5
−13	0.054 9***	0.056 0***	0.040 4	0.075 2
−12	0.039***	0.040 5***	0.000 7	0.154 7*
−11	0.038 8***	0.038 0***	0.023 0	0.140 2
−10	0.040 8***	0.033 8***	0.127 3***	−0.069 2
−9	0.044 8***	0.039 6***	0.081 8**	0.088 3
−8	0.027 5**	0.023 1*	0.095 7**	−0.106 0
−7	0.037 2***	0.034 4***	0.083 8**	−0.063 3
−6	0.034 2***	0.039 0***	0.026 3	−0.127 3
−5	0.049 3***	0.042 6***	0.105 9**	0.063 4
−4	0.059 5***	0.057 2***	0.083 5**	0.041 9
−3	0.071 5***	0.069 7***	0.132 7***	−0.136 0
−2	0.079 5***	0.070 8***	0.165 3***	0.042 7
−1	0.156 7***	0.176 4***	−0.011 5	0.122 3
0	0.241 1***	0.303 9***	−0.275 0***	0.038 2
1	0.043 1***	0.086 6***	−0.304 4***	−0.140 0
2	−0.006 9	−0.003 2	−0.066 6	0.116 5
3	0.000 7	−0.002 5	−0.014 9	0.204 4**
4	−0.007 6	−0.008 4	−0.000 5	−0.006 5
5	−0.051 3***	−0.051 4***	−0.047 8	−0.065 7
6	−0.028 8**	−0.035 7***	0.029 9	−0.017 1
7	−0.036 2***	−0.032 2***	−0.047 7	−0.149 8
8	−0.022 1*	−0.019 1	−0.035 2	−0.080 7
9	−0.030 4***	−0.032 8***	0.003 1	−0.086 0
10	−0.012 7	−0.017 2	0.043 0	−0.086 3
11	−0.024 8**	−0.022 2*	−0.033 4	−0.092 9
12	−0.010 8	−0.003 5	−0.038 5	−0.183 1*

表5.23(续)

事件窗	所有新闻 AAR^c	正面新闻 AAR^c	负面新闻 AAR^c	中立新闻 AAR^c
13	−0.008 1	−0.001 0	−0.048 9	−0.110 7
14	−0.010 0	−0.003 9	−0.047 3	−0.087 4
15	−0.029 6***	−0.027 3**	−0.038 0	−0.087 1

注：*、**和***分别表示10%、5%和1%的显著性水平；1个单位表示1%的日收益率。

表 5.24 ESG 类新闻的累积平均异常收益率检验统计表

事件窗	所有新闻 CAAR^c	正面新闻 CAAR^c	负面新闻 CAAR^c	中立新闻 CAAR^c
−15	0.007 9	0.003 0	0.076 7**	−0.106 5
−14	0.023 2	0.021 4	0.092 5	−0.224 0*
−13	0.078 1***	0.077 4***	0.132 9*	−0.148 8
−12	0.117 1***	0.117 9***	0.133 6	0.005 9
−11	0.155 8***	0.156 0***	0.156 6	0.146 1
−10	0.196 6***	0.189 8***	0.283 8***	0.076 9
−9	0.241 5***	0.229 4***	0.365 6***	0.165 2
−8	0.269 0***	0.252 5***	0.461 4***	0.059 2
−7	0.306 2***	0.286 9***	0.545 1***	−0.004 0
−6	0.340 4***	0.325 9***	0.571 4***	−0.131 3
−5	0.389 7***	0.368 5***	0.677 4***	−0.068 0
−4	0.449 1***	0.425 7***	0.760 8***	−0.026 1
−3	0.520 6***	0.495 4***	0.893 5***	−0.162 0
−2	0.600 2***	0.566 2***	1.058 8***	−0.119 4
−1	0.756 9***	0.742 6***	1.047 4***	0.002 9
0	0.997 9***	1.046 5***	0.772 4***	0.041 1
1	1.041 0***	1.133 1***	0.468 0**	−0.098 9
2	1.034 2***	1.129 9***	0.401 4**	0.017 7
3	1.034 8***	1.127 4***	0.386 5*	0.222 1
4	1.027 3***	1.119 0***	0.386 0*	0.215 5
5	0.975 9***	1.067 6***	0.338 3	0.149 8

表5.24(续)

事件窗	所有新闻 CAAR^c	正面新闻 CAAR^c	负面新闻 CAAR^c	中立新闻 CAAR^c
6	0.947 1 ***	1.031 9 ***	0.368 1 *	0.132 7
7	0.910 9 ***	0.999 7 ***	0.320 4	-0.017 0
8	0.888 8 ***	0.980 6 ***	0.285 2	-0.097 8
9	0.858 4 ***	0.947 8 ***	0.288 3	-0.183 8
10	0.845 7 ***	0.930 6 ***	0.331 3	-0.270 0
11	0.820 9 ***	0.908 4 ***	0.297 9	-0.363 0
12	0.810 1 ***	0.904 9 ***	0.259 5	-0.546 1
13	0.802 0 ***	0.903 9 ***	0.210 6	-0.656 8
14	0.792 0 ***	0.900 0 ***	0.163 3	-0.744 2
15	0.762 4 ***	0.872 7 ***	0.125 4	-0.831 2

注: *、** 和 *** 分别表示 10%、5% 和 1% 的显著性水平；1 个单位表示 1% 的日收益率。

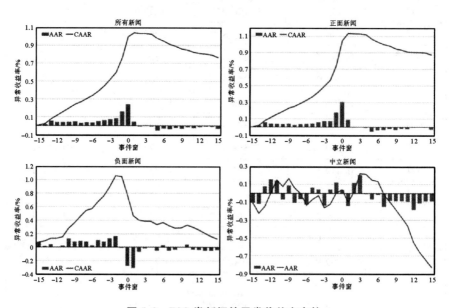

图 5.8 ESG 类新闻的异常收益率走势

表 5.25 展示了基于 CAPM 模型和 FF3 模型的 ESG 类新闻情绪因素与市场日收益率的关系。对于 ESG 类新闻，可以发现：①新闻中的积极、消极情绪和情感分歧指标的回归系数均在 1% 的显著水平。②积极情绪给收

益率带来了正面影响；消极情绪带来了负面影响，且影响程度大于积极情绪；情感分歧对收益率的正面影响最大。上述结论支持了假设6b。

表5.25 ESG类新闻情绪指标与收益率

模型	股票收益率（r）		
	pos	neg	div
CAPM（r^C）	0.050*** (19.82)	−0.177*** (−14.51)	0.170*** (25.52)
FF3（r^F）	0.047*** (19.74)	−0.177*** (−15.35)	0.163*** (25.93)

注：*、** 和 *** 分别表示10%、5%和1%的显著性水平；1个单位表示1%的日收益率；括号内为T检验的统计值。

（7）违规处罚类新闻

表5.26和表5.27分别展示了基于CAPM模型的违规处罚类新闻以及其中正面新闻、负面新闻和中立新闻发布前后15日给整个证券市场带来的AAR和CAAR的统计描述情况。为了更形象地展示表中的研究结果，图5.9绘制了新闻发布前后15日的异常收益率的变化趋势。

首先看所有新闻，在新闻发布前1日，股价出现了显著的正向异动，发布后2日内出现显著的负向异动。CAAR在新闻发布前在−0.1%低位震荡，发布后短暂回升到0附近，之后又迅速下跌到−0.1%保持低位震荡。其次看正面新闻，新闻发布前2天到当天股价有显著的正向异动，这3天也是AAR和CAAR的主要贡献者，CAAR在这3天出现明显的提升，其他时间维持正常波动。再次看负面新闻，在其发布当日到后3日股价产生显著负向异动，并且幅度高达−0.3%左右。最后看中立新闻，似乎没有给市场带来显著的影响。

因此，通过对上述违规处罚类新闻的有效性分析，可以得到以下结论：①违规处罚类新闻的发布对相关公司股价的收益率确实存在显著的影响，证明假设7a成立；②正面新闻对股价的显著影响主要集中在发布前2日至当日，影响由发布前的消极转向发布后的积极；③负面新闻对股价的显著影响集中在发布当日至后3日，且影响由积极转向消极；④正面新闻发布后1天CAAR由快速上升明显转向平稳趋势，负面新闻的发布则加剧了CAAR的下跌趋势。

表 5.26 违规处罚类新闻的平均异常收益率检验统计表

事件窗	所有新闻 AAR^c	正面新闻 AAR^c	负面新闻 AAR^c	中立新闻 AAR^c
−15	−0.041 8*	−0.027 4	−0.079 1*	−0.058 6
−14	−0.058 3**	−0.027 5	−0.158 5***	0.196 5
−13	0.007 4	0.046 4*	−0.110 5**	0.205 4
−12	−0.011 1	−0.006 1	−0.032 7	0.106 6
−11	0.016 6	0.017 9	0.004 8	0.132 2
−10	−0.007 2	0.002 6	−0.021 8	−0.163 9
−9	−0.025 5	−0.003 8	−0.084 0*	−0.017 2
−8	−0.009 2	−0.008 2	−0.005 3	−0.100 9
−7	0.025 2	0.063 8***	−0.082 6*	0.097 5
−6	−0.002 9	0.017 6	−0.063 5	0.080 1
−5	0.012 9	0.007 9	0.017 0	0.140 7
−4	−0.025 5	−0.006 6	−0.072 9	−0.064 2
−3	0.005 0	−0.011 1	0.071 2	−0.319 5
−2	0.033 7	0.057 0**	0.006 2	−0.449 9*
−1	0.102 3***	0.156 9***	−0.031 9	−0.054 7
0	0.011 4	0.142 7***	−0.338 6***	0.021 0
1	−0.063 3***	0.008 9	−0.251 6***	−0.114 7
2	−0.046 1**	−0.012 7	−0.153 5***	0.211 0
3	−0.031 3	0.021 7	−0.179 4***	0.063 2
4	−0.034 9	−0.034 0	−0.025 8	−0.195 6
5	0.011 2	0.006 3	0.004 4	0.287 5*
6	0.019 6	0.027 5	0.003 4	−0.049 4
7	−0.000 7	0.019 0	−0.056 5	0.043 3
8	−0.004 7	0.018 6	−0.051 4	−0.217 6
9	−0.002 4	−0.001 4	−0.003 9	−0.017 3
10	−0.008 2	0.003 6	−0.037 3	−0.038 1
11	−0.016 3	−0.021 8	−0.017 0	0.198 3
12	−0.006 7	0.002 1	−0.029 8	−0.011 4
13	−0.008 1	−0.006 7	−0.004 4	−0.113 1

表5.26(续)

事件窗	所有新闻 AAR^c	正面新闻 AAR^c	负面新闻 AAR^c	中立新闻 AAR^c
14	0.032 3	0.041 1*	0.003 5	0.110 3
15	−0.006 0	−0.004 9	−0.030 6	0.293 1**

注：*、** 和 *** 分别表示 10%、5% 和 1% 的显著性水平；1 个单位表示 1% 的日收益率。

表 5.27 违规处罚类新闻的累积平均异常收益率检验统计表

事件窗	所有新闻 CAAR^c	正面新闻 CAAR^c	负面新闻 CAAR^c	中立新闻 CAAR^c
−15	−0.041 8*	−0.027 4	−0.079 1*	−0.058 6
−14	−0.100 2***	−0.054 9	−0.237 5***	0.137 9
−13	−0.092 8**	−0.008 5	−0.348 0***	0.343 4
−12	−0.103 9**	−0.014 6	−0.380 8***	0.450 0
−11	−0.087 3	0.003 2	−0.376 0***	0.582 2*
−10	−0.094 4	0.005 8	−0.397 8***	0.418 3
−9	−0.120 0*	0.002 0	−0.481 8***	0.401 1
−8	−0.129 2*	−0.006 2	−0.487 1***	0.300 2
−7	−0.104 0	0.057 6	−0.569 7***	0.397 7
−6	−0.106 9	0.075 3	−0.633 2***	0.477 7
−5	−0.094 0	0.083 2	−0.616 2***	0.618 4
−4	−0.119 4	0.076 6	−0.689 1***	0.554 2
−3	−0.114 4	0.065 5	−0.617 9***	0.234 7
−2	−0.080 7	0.122 5	−0.611 8***	−0.215 2
−1	0.021 5	0.279 5**	−0.643 6***	−0.269 9
0	0.032 9	0.422 2***	−0.982 2***	−0.248 9
1	−0.030 4	0.431 0***	−1.233 8***	−0.363 5
2	−0.076 5	0.418 3***	−1.387 1***	−0.152 5
3	−0.107 9	0.440 0***	−1.566 3***	−0.089 2
4	−0.142 8	0.406 0***	−1.592 1***	−0.284 8
5	−0.131 6	0.412 3***	−1.587 7***	0.002 7
6	−0.112 0	0.439 8***	−1.584 2***	−0.046 7

表5.27(续)

事件窗	所有新闻 CAAR^c	正面新闻 CAAR^c	负面新闻 CAAR^c	中立新闻 CAAR^c
7	-0.112 7	0.458 8 ***	-1.640 7 ***	-0.003 4
8	-0.117 4	0.477 4 ***	-1.692 0 ***	-0.221 0
9	-0.119 8	0.476 0 ***	-1.695 9 ***	-0.238 3
10	-0.127 9	0.479 6 ***	-1.733 1 ***	-0.276 4
11	-0.144 2	0.457 9 ***	-1.750 1 ***	-0.078 1
12	-0.150 8	0.460 0 ***	-1.779 8 ***	-0.089 5
13	-0.158 9	0.453 3 ***	-1.784 1 ***	-0.202 6
14	-0.126 6	0.494 3 ***	-1.780 7 ***	-0.092 4
15	-0.132 7	0.489 4 ***	-1.811 1 ***	0.200 7

注:*、**和***分别表示10%、5%和1%的显著性水平;1个单位表示1%的日收益率。

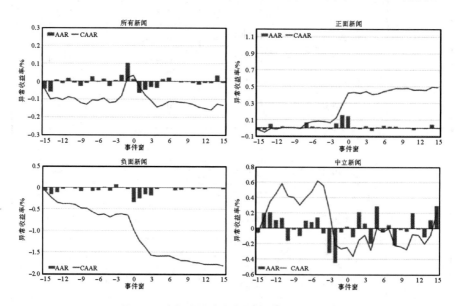

图5.9 违规处罚类新闻的异常收益率走势

表5.28展示了基于CAPM模型和FF3模型的违规处罚类新闻情绪因素与市场日收益率的关系。对于违规处罚类新闻,可以发现:①新闻中的消极情绪的回归系数均在1%的显著水平,积极与消极情绪的回归系数不显著。②消极情绪给收益率带来了负面影响;正面情绪和情感分歧对收益

率的没有产生影响。上述结论支持了假设7b。

表5.28　违规处罚类新闻情绪指标与收益率

模型	股票收益率（ r ）		
	pos	neg	div
CAPM（ r^C ）	0.002 (0.41)	−0.198 *** (−17.55)	−0.003 (−0.63)
FF3（ r^F ）	0.002 (0.39)	−0.189 *** (−15.99)	−0.001 (0.48)

注：*、** 和 *** 分别表示10%、5%和1%的显著性水平；1个单位表示1%的日收益率；括号内为 T 检验的统计值。

5.4.3.2　新闻与各行业公司股票：基于受动者视角

本节从受动者视角，考察了不同行业上市公司受到新闻冲击后在证券市场异常收益率方面的表现差异，以及新闻情绪因素与不同行业上市股票收益率关系的差异。

表5.29和表5.30分别展示了基于CAPM模型的互联网财经新闻发布前后15日，各行业平均异常收益率（AAR）和累积平均异常收益率（CAAR）的分析结果。为了更形象地展示表中的研究结果，图5.10绘制了新闻发布前后15日的异常收益率的变化趋势。可以发现：①对于 A 农、林、牧、渔业中的上市公司，股价在新闻发布的前1日和当日产生了正向异动，AAR 高达0.20%和0.24%，其他日期没有显著的异动。CAAR 呈现先降后升再降的走势，最低值为新闻发布前8日的−0.29%，最高值为新闻发布后1日的0.60%；②对于 B 采矿业中的上市公司，股价在新闻发布前5日到后1日产生了正向异动，ARR 在新闻发布当日达到最高，为0.44%。CAAR 在新闻发布前呈现加速上升的态势，新闻发布后趋于稳定。③对于 C 制造业，AAR 在新闻发布前3日到后1日表现出显著的正向异动，且在发布当日达到最大值0.24%。CAAR 在新闻发布前呈现加速上升的态势，新闻发布后缓慢上升。④对于 D 电力、热力、燃气及水的生产和供应业的上市公司，AAR 在新闻发布前3日到后1日表现出显著的正向异动，且在发布当日达到最大值0.23%。CAAR 首先呈现加速上升的态势，最高值达到了1.16%，然后趋于平稳。⑤对于 E 建筑业的上市公司，股价在新闻发布的前2日到后1日产生了正向异动，在发布当日产生最大 AAR，高达0.22%。CAAR 呈现先升后缓慢下降的走势，最高值为新闻发布后第1日

的 0.74%。⑥对于 F 批发和零售业的上市公司，股价在新闻发布的前 4 日到后 1 日产生了正向异动，在发布当日产生最大 AAR，高达 0.29%。CAAR 在新闻发布前呈现加速上升的态势，最高值达到了 1.33%，然后趋于稳定波动。⑦对于 G 交通运输、仓储和邮政业的上市公司，股价在新闻发布的前 3 日到后 1 日产生了正向异动，在发布当日产生最大 AAR，为 0.22%。CAAR 呈现先升后缓慢下降的走势，最高值为新闻发布后第 2 日的 1.01%。⑧对于 I 信息传输、软件和信息技术服务业的上市公司，股价在新闻发布的前 1 日到后 1 日产生了正向异动，在新闻发布当日达到最高，为 0.28%。CAAR 呈现先上升后下降的趋势，最高值为新闻发布后第 3 日的 0.68%。⑨对于 J 金融业的上市公司，AAR 在新闻发布当日到后 1 日表现出显著的正向异动，且在发布当日达到最大值 0.10%。CAAR 在新闻发布前后 1 日表现出小幅上升趋势，其他时间处于正常震荡。⑩对于 K 房地产业的上市公司，AAR 在新闻发布前 2 日到后 1 日表现出显著的正向异动，且在发布当日达到最大值 0.24%。CAAR 在新闻发布前呈现加速上升的趋势，最高值达到了 1.09%，然后趋于缓慢下降。⑪对于 L 租赁和商务服务业的上市公司，股价仅在新闻发布当日产生了 0.14% 的正向异动。CAAR 呈现先上升后略微回调的趋势，最高值为新闻发布后第 2 日的 0.68%。⑫对于 M 科学研究和技术服务业的上市公司，股价在新闻发布的前 1 日到当日产生了正向异动，在发布当日产生最大 AAR，达到 0.26%。CAAR 在新闻发布前呈现加速上升的态势，达到了 1.00%，然后经过回调再次上升到 1.08%。⑬对于 N 水利、环境和公共设施管理业的上市公司，股价在新闻发布前 1 日和当日分别产生了 0.14% 和 0.15% 的显著正向异动。CAAR 在新闻发布前加速上升，最高值达到 0.79%，新闻发布后缓慢下降。⑭对于 R 文化、体育和娱乐业的上市公司，股价仅在新闻发布当日产生了 0.14% 的显著正向异动。CAAR 呈现先上升后缓慢下降走势，最高值为新闻发布后第 2 日的 0.33%。上述结论支持了假设 8a，即新闻的发布对不同行业上市公司股价异常收益率的影响不同。

表 5.29　各行业的平均异常收益率（AAR）检验统计表

事件窗	A	B	C	D	E
−15	0.056 6	0.052 1*	0.039 9	0.050 0*	0.028 5
−14	−0.021 8	0.010 1	0.015 3	0.050 6*	0.052 2*

事件窗	A	B	C	D	E
−13	−0.001 4	0.043 8	0.041 9	0.053 1*	0.039 8
−12	−0.066 1	0.029 7	0.015 1	0.044 4	0.027 1
−11	−0.108 9*	0.050 3	0.019 1	0.057 3*	0.021 0
−10	−0.099 9*	0.056 7*	0.020 7	0.015 8	0.034 3
−9	−0.030 2	0.046 0	0.022 0	0.044 2	0.022 9
−8	−0.014 6	0.058 1*	0.018 4	0.047 6	0.013 8
−7	0.037 4	0.008 7	0.009 8	0.023 3	−0.036 0
−6	0.059 4	0.044 3	0.031 9	0.010 5	0.000 4
−5	0.048 1	0.108 9**	0.043 4	0.024 5	0.033 3
−4	0.072 7	0.079 8*	0.037 0	0.044 9	−0.001 9
−3	0.091 9	0.119 4**	0.064 7*	0.063 1*	0.017 1
−2	0.066 1	0.158 7**	0.074 8*	0.089 5*	0.068 2**
−1	0.198 9***	0.236 6***	0.153 1**	0.207 8***	0.131 4***
0	0.237 5***	0.435 5***	0.239 7***	0.228 3***	0.216 7***
1	0.073 3	0.116 3**	0.076 0*	0.076 4*	0.068 2**
2	−0.073 3	−0.000 3	0.001 0	0.015 8	−0.038 6
3	−0.054 3	−0.015 1	0.008 0	0.013 4	−0.026 6
4	0.007 1	−0.002 2	0.021 2	−0.034 3	−0.015 7
5	0.012 3	−0.010 5	0.027 3	−0.022 0	−0.030 8
6	−0.112 7*	0.008 8	0.024 7	−0.008 3	−0.022 5
7	−0.043 5	0.015 5	0.018 0	0.009 2	−0.030 0
8	−0.036 9	0.004 1	0.002 4	0.002 9	0.021 3
9	0.019 5	−0.011 2	0.001 6	0.020 5	−0.031 0
10	−0.064 7	0.000 3	0.007 6	0.001 9	−0.018 5
11	−0.025 4	0.017 2	0.002 7	0.011 6	−0.024 1
12	−0.032 7	0.048 4	0.002 1	0.007 8	0.019 6
13	0.005 1	0.061 4*	0.006 9	−0.032 4	−0.023 7
14	0.103 4*	0.072 2*	0.021 4	0.013 1	−0.057 3**
15	0.076 9	0.028 8	0.006 1	−0.034 0	−0.049 6*

事件窗	F	G	I	J	K
−15	0.030 3	0.023 5	0.020 8	−0.014 9	0.036 9
−14	0.018 9	0.036 3	0.027 1	0.005 1	0.055 6*
−13	0.074 1*	0.025 0	0.005 9	−0.013 6	0.060 2*
−12	0.048 5	0.037 3	0.002 8	0.011 7	0.043 5
−11	0.029 5	0.030 9	0.023 5	0.022 2	0.046 4
−10	0.073 3*	0.010 5	−0.011 6	−0.011 7	0.022 3
−9	0.023 4	0.040 5	0.001 0	−0.005 2	0.014 3
−8	0.040 8	0.052 1*	−0.000 4	0.004 8	0.032 2
−7	0.002 9	0.030 1	0.027 5	−0.008 8	0.043 4
−6	0.027 3	0.035 6	0.031 2	0.009 0	0.023 9
−5	0.034 3	0.041 8	−0.009 1	−0.036 9	0.052 5*
−4	0.094 9**	0.016 3	0.006 7	0.028 7	0.053 4*
−3	0.090 8**	0.063 3*	0.038 7	−0.027 5	0.035 3
−2	0.111 6**	0.077 3*	−0.004 1	0.020 0	0.108 5**
−1	0.209 8***	0.147 6**	0.101 7**	0.037 9	0.133 8**
0	0.286 0***	0.221 2***	0.279 5***	0.096 2**	0.237 7***
1	0.096 8**	0.082 5*	0.107 1**	0.046 0*	0.051 6*
2	0.024 5	0.043 1	0.020 4	−0.020 4	0.013 8
3	0.009 4	−0.018 4	0.013 5	−0.021 0	0.022 2
4	−0.027 6	−0.031 0	−0.025 3	0.019 6	−0.046 6
5	−0.050 6*	−0.055 9*	−0.037 2	−0.028 0	−0.057 3
6	−0.015 8	−0.002 1	−0.041 8	−0.019 1	−0.035 2
7	−0.011 6	−0.013 0	−0.078 1*	0.028 8	−0.069 7*
8	0.019 8	−0.034 4	−0.044 4	−0.021 9	−0.033 9
9	−0.007 4	0.003 5	−0.063 1*	0.046 7*	−0.049 3
10	−0.026 0	−0.000 4	−0.080 2*	−0.043 9	−0.024 2
11	0.004 0	−0.029 8	−0.012 4	0.027 9	−0.002 6
12	0.022 3	0.002 2	−0.035 6	−0.040 4	−0.022 5
13	0.008 1	−0.002 9	−0.014 3	−0.070 9*	−0.001 9
14	−0.002 2	0.019 0	0.017 4	0.053 5*	0.024 6
15	−0.022 1	0.014 1	−0.036 7	−0.047 9	0.005 4

事件窗	L	M	N	R	
−15	0.088 7*	0.036 9	−0.036 6	0.005 6	
−14	0.018 6	−0.083 5	0.052 6	−0.035 9	
−13	0.018 2	0.128 7**	0.075 4*	−0.000 6	
−12	−0.032 8	0.021 0	0.032 6	0.036 4	
−11	−0.011 8	0.050 7	0.006 0	−0.026 6	
−10	0.038 1	0.077 4	0.067 2	0.039 0	
−9	0.051 3	0.034 4	0.055 4	0.020 2	
−8	0.028 5	−0.060 3	0.027 1	−0.013 7	
−7	0.024 8	−0.045 2	0.076 0*	−0.000 8	
−6	0.069 2	0.039 2	0.031 6	0.000 5	
−5	0.078 8	0.028 4	0.003 9	−0.012 5	
−4	−0.022 7	0.034 3	−0.013 2	−0.010 7	
−3	0.010 9	0.153 8**	0.050 0	0.016 2	
−2	0.044 3	0.079 3	0.057 4	0.048 7	
−1	0.102 7	0.176 0**	0.142 2***	0.043 5	
0	0.138 8*	0.260 3***	0.145 7***	0.142 5**	
1	0.065 8	0.052 2	0.009 8	0.073 1	
2	−0.030 3	0.016 5	0.003 6	0.002 8	
3	−0.065 2	0.002 6	−0.010 5	−0.016 9	
4	−0.017 8	−0.059 9	−0.032 4	−0.062 3	
5	−0.053 5	−0.023 7	−0.049 4	0.020 5	
6	0.010 4	−0.072 5	−0.015 2	0.004 0	
7	0.028 6	−0.044 0	0.022 8	−0.015 4	
8	0.000 3	0.052 9	−0.044 8	−0.010 1	
9	−0.034 5	0.124 8**	0.010 9	−0.008 5	
10	0.008 0	0.076 1	−0.013 3	−0.025 4	
11	0.042 6	0.023 7	−0.039 3	0.000 8	

表5.29(续)

事件窗	L	M	N	R
12	−0.042 5	−0.031 5	0.007 2	0.009 1
13	0.025 4	−0.022 4	0.040 2	−0.010 6
14	−0.017 1	0.009 0	−0.046 9	−0.022 3
15	−0.048 4	−0.050 2	−0.004 4	0.002 6

注：* 、 ** 和 *** 分别表示10%、5%和1%的显著性水平；1个单位表示1%的日收益率。表中字母分别代表：A农、林、牧、渔业；B采矿业；C制造业；D电力、热力、燃气及水的生产和供应业；E建筑业；F批发和零售业；G交通运输、仓储和邮政业；I信息传输、软件和信息技术服务业；J金融业；K房地产业；L租赁和商务服务业；M科学研究和技术服务业；N水利、环境和公共设施管理业；R文化、体育和娱乐业。

表5.30 各行业的累积平均异常收益率（CARR）检验统计表

事件窗	A	B	C	D	E
−15	0.056 6	0.052 1*	0.039 9	0.050 0**	0.028 5
−14	0.034 8	0.062 3	0.055 2	0.100 6***	0.080 7**
−13	0.033 4	0.106 0**	0.097 1*	0.153 7***	0.120 5**
−12	−0.032 7	0.135 8**	0.112 2**	0.198 1***	0.147 6**
−11	−0.141 6	0.186 0***	0.131 3**	0.255 4***	0.168 6**
−10	−0.241 4*	0.242 7***	0.152 0***	0.271 2***	0.202 9***
−9	−0.271 7**	0.288 6***	0.174 0***	0.315 4***	0.225 8***
−8	−0.286 2**	0.346 7***	0.192 4***	0.363 0***	0.239 6***
−7	−0.248 8	0.355 4***	0.202 2***	0.386 3***	0.203 6**
−6	−0.189 4	0.399 7***	0.234 1***	0.396 8***	0.204 1**
−5	−0.141 3	0.508 6***	0.277 5***	0.421 3***	0.237 4**
−4	−0.068 6	0.588 4***	0.314 5***	0.466 2***	0.235 5**
−3	0.023 2	0.707 8***	0.379 2***	0.529 3***	0.252 6**
−2	0.089 3	0.866 5***	0.454 0***	0.618 9***	0.320 7***
−1	0.288 2	1.103 1***	0.607 1***	0.826 7***	0.452 1***
0	0.525 7**	1.538 6***	0.846 8***	1.055 0***	0.668 8***
1	0.599 0***	1.654 9***	0.922 8***	1.131 4***	0.737 0***
2	0.525 8**	1.654 6***	0.923 8***	1.147 2***	0.698 4***

事件窗	A	B	C	D	E
3	0.471 4 **	1.639 5 ***	0.931 8 ***	1.160 6 ***	0.671 8 ***
4	0.478 6 **	1.637 3 ***	0.953 0 ***	1.126 3 ***	0.656 1 ***
5	0.490 8 **	1.626 8 ***	0.980 3 ***	1.104 3 ***	0.625 3 ***
6	0.378 1	1.635 6 ***	1.005 0 ***	1.096 0 ***	0.602 7 ***
7	0.334 7	1.651 1 ***	1.023 0 ***	1.105 1 ***	0.572 8 ***
8	0.297 8	1.655 2 ***	1.025 4 ***	1.108 0 ***	0.594 1 ***
9	0.317 3	1.644 0 ***	1.027 0 ***	1.128 5 ***	0.563 1 ***
10	0.252 6	1.644 3 ***	1.034 6 ***	1.130 4 ***	0.544 6 ***
11	0.227 2	1.661 5 ***	1.037 3 ***	1.141 9 ***	0.520 5 ***
12	0.194 5	1.709 9 ***	1.039 4 ***	1.149 7 ***	0.540 1 ***
13	0.199 6	1.771 3 ***	1.046 3 ***	1.117 3 ***	0.516 4 ***
14	0.303 0	1.843 5 ***	1.067 7 ***	1.130 4 ***	0.459 1 ***
15	0.379 9	1.872 3 ***	1.073 8 ***	1.096 3 ***	0.409 5 **

事件窗	F	G	I	J	K
−15	0.030 3	0.023 5	0.020 8	−0.014 9	0.036 9 *
−14	0.049 1	0.059 8 *	0.047 9	−0.009 8	0.092 5 ***
−13	0.123 2 ***	0.084 8 **	0.053 8	−0.023 4	0.152 7 ***
−12	0.171 8 ***	0.122 0 **	0.056 6	−0.011 7	0.196 2 ***
−11	0.201 3 ***	0.153 0 ***	0.080 1	0.010 5	0.242 6 ***
−10	0.274 6 ***	0.163 4 ***	0.068 4	−0.001 2	0.264 9 ***
−9	0.297 9 ***	0.203 9 ***	0.069 4	−0.006 4	0.279 2 ***
−8	0.338 7 ***	0.256 0 ***	0.069 0	−0.001 6	0.311 4 ***
−7	0.341 6 ***	0.286 1 ***	0.096 5	−0.010 4	0.354 8 ***
−6	0.368 9 ***	0.321 7 ***	0.127 7	−0.001 4	0.378 7 ***
−5	0.403 2 ***	0.363 5 ***	0.118 5	−0.038 3	0.431 2 ***
−4	0.498 2 ***	0.379 8 ***	0.125 2	−0.009 6	0.484 6 ***
−3	0.589 0 ***	0.443 2 ***	0.163 9	−0.037 1	0.519 8 ***
−2	0.700 5 ***	0.520 5 ***	0.159 8	−0.017 1	0.628 4 ***
−1	0.910 3 ***	0.668 1 ***	0.261 5 **	0.020 8	0.762 2 ***

事件窗	F	G	I	J	K
0	1.196 4***	0.889 3***	0.541 0***	0.117 0**	0.999 9***
1	1.293 1***	0.971 8***	0.648 1***	0.163 0***	1.051 4***
2	1.317 6***	1.014 9***	0.668 5***	0.142 6***	1.065 2***
3	1.327 0***	0.996 4***	0.682 0***	0.121 6**	1.087 4***
4	1.299 4***	0.965 4***	0.656 7***	0.141 2***	1.040 8***
5	1.248 8***	0.909 5***	0.619 5***	0.113 2**	0.983 5***
6	1.233 0***	0.907 4***	0.577 7***	0.094 1**	0.948 3***
7	1.221 3***	0.894 5***	0.499 6***	0.122 9**	0.878 6***
8	1.241 1***	0.860 0***	0.455 2***	0.101 0**	0.844 8***
9	1.233 7***	0.863 5***	0.392 1**	0.147 7***	0.795 5***
10	1.207 7***	0.863 1***	0.311 9*	0.103 8**	0.771 3***
11	1.211 7***	0.833 3***	0.299 5*	0.131 7**	0.768 7***
12	1.234 0***	0.835 4***	0.263 9	0.091 3**	0.746 2***
13	1.242 1***	0.832 6***	0.249 7	0.020 4	0.744 4***
14	1.239 9***	0.851 5***	0.267 1	0.073 9	0.769 0***
15	1.217 8***	0.865 7***	0.230 4	0.026 0	0.774 4***

事件窗	L	M	N	R	
−15	0.088 7*	0.036 9	−0.036 6	0.005 6	
−14	0.107 2	−0.046 6	0.016 0	−0.030 3	
−13	0.125 4	0.082 1	0.091 5	−0.030 9	
−12	0.092 6	0.103 1	0.124 1	0.005 5	
−11	0.080 8	0.153 8	0.130 1	−0.021 1	
−10	0.119 0	0.231 1	0.197 3*	0.017 9	
−9	0.170 3	0.265 5	0.252 7*	0.038 1	
−8	0.198 8	0.205 3	0.279 8**	0.024 4	
−7	0.223 6	0.160 1	0.355 8**	0.023 6	
−6	0.292 9*	0.199 3	0.387 4**	0.024 0	
−5	0.371 6**	0.227 7	0.391 3**	0.011 6	
−4	0.348 9*	0.262 0	0.378 1**	0.000 9	

事件窗	L	M	N	R	
−3	0.359 8*	0.415 8	0.428 1**	0.017 1	
−2	0.404 1*	0.495 1*	0.485 5**	0.065 8	
−1	0.506 8**	0.671 1**	0.627 6***	0.109 2	
0	0.645 6***	0.931 4***	0.773 4***	0.251 7	
1	0.711 5***	0.983 6***	0.783 1***	0.324 9*	
2	0.681 1***	1.000 1***	0.786 7***	0.327 6*	
3	0.615 9**	1.002 7***	0.776 2***	0.310 7*	
4	0.598 2**	0.942 7***	0.743 8***	0.248 4	
5	0.544 7**	0.919 0***	0.694 3***	0.268 9	
6	0.555 1**	0.846 5**	0.679 2***	0.273 0	
7	0.583 7**	0.802 5**	0.702 0***	0.257 5	
8	0.584 1**	0.855 4**	0.657 1***	0.247 4	
9	0.549 6*	0.980 2***	0.668 0***	0.238 9	
10	0.557 6*	1.056 3***	0.654 7**	0.213 5	
11	0.600 1**	1.080 0***	0.615 4**	0.214 3	
12	0.557 7*	1.048 5***	0.622 6**	0.223 4	
13	0.583 1*	1.026 1***	0.662 8**	0.212 8	
14	0.566 0*	1.035 1**	0.615 9**	0.190 5	
15	0.517 6	0.984 9**	0.611 5**	0.193 2	

注：*、** 和 *** 分别表示 10%、5% 和 1% 的显著性水平；1 个单位表示 1% 的日收益率。表中字母分别代表：A 农、林、牧、渔业；B 采矿业；C 制造业；D 电力、热力、燃气及水的生产和供应业；E 建筑业；F 批发和零售业；G 交通运输、仓储和邮政业；I 信息传输、软件和信息技术服务业；J 金融业；K 房地产业；L 租赁和商务服务业；M 科学研究和技术服务业；N 水利、环境和公共设施管理业；R 文化、体育和娱乐业。

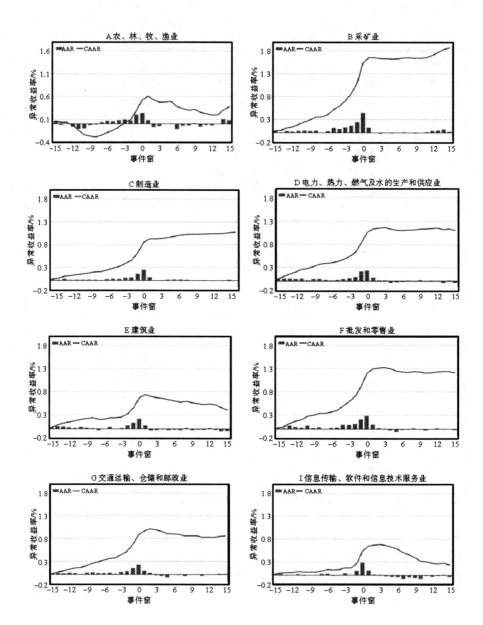

基于大数据的证券市场财经信息效应研究

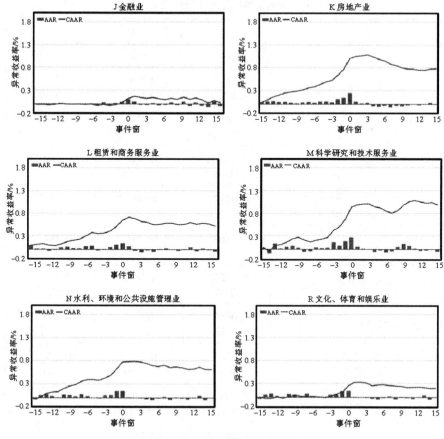

图 5.10　各行业新闻的异常收益率走势

　　表 5.31 展示了基于 CAPM 模型的新闻情绪因素与各行业股票日收益率的关系。可以发现：①除了交通运输、仓储和邮政业，金融业以及水利、环境和公共设施管理业，其他行业中新闻积极、消极情绪和情感分歧指标的回归系数均在 5% 的显著水平，且积极情绪对股票收益率具有正向影响，消极情绪具有负向影响，情感分歧指标具有正向影响。②交通运输、仓储和邮政业，金融业以及水利、环境和公共设施管理业中新闻消极情绪没有给股票收益率带来显著的影响，新闻积极情绪和情感分歧指标得到的结论与①相似。③一般来说，情感分歧指标对股票收益率的影响程度最大，其次是消极情绪，影响程度最小的是积极情绪。上述结论支持了假设 8b，即新闻情绪因素对不同行业的上市公司股票的影响不同。

表 5.31　新闻情绪指标与各行业股票收益率

行业	股票收益率（r^c）		
	pos	neg	div
农、林、牧、渔业	0.077*** (5.50)	-0.188*** (-4.20)	0.191*** (6.10)
采矿业	0.126*** (11.53)	-0.171*** (-5.73)	0.324*** (14.39)
制造业	0.062*** (32.69)	-0.108*** (-15.24)	0.202*** (41.73)
电力、热力、燃气及 水的生产和供应业	0.049*** (8.91)	-0.086*** (-3.76)	0.179*** (11.91)
建筑业	0.046*** (7.17)	-0.080*** (-2.86)	0.164*** (9.41)
批发和零售业	0.082*** (13.02)	-0.168*** (-8.02)	0.232*** (16.16)
交通运输、仓储和邮政业	0.065*** (9.33)	0.034 (0.60)	0.111*** (7.41)
信息传输、软件和信息 技术服务业	0.070*** (10.69)	-0.199*** (-7.39)	0.230*** (13.76)
金融业	0.035*** (5.27)	-0.025 (-1.25)	0.081*** (5.48)
房地产业	0.077*** (5.50)	-0.189*** (-4.20)	0.191*** (6.10)
租赁和商务服务业	0.046*** (3.50)	-0.119** (-2.38)	0.130*** (4.19)
科学研究和技术服务业	0.071*** (3.84)	-0.159** (-2.38)	0.204*** (4.75)
水利、环境和公共设施管理业	0.033*** (3.38)	-0.031 (-0.18)	0.095*** (3.53)
文化、体育和娱乐业	0.023** (2.52)	-0.111*** (-2.72)	0.084*** (3.33)

注：*、** 和 *** 分别表示10%、5%和1%的显著性水平；1个单位表示1%的日收益率；括号内为 T 检验的统计值。

5.4.3.3　公司管理者与证券市场媒体效应：基于管理者视角

本节从管理者视角，考察了各行业上市公司高管媒体曝光行为对财经新闻与证券市场表现之间关系的调节效应，表 5.32 展示了基于 CAPM 模型的实证研究结果。可以看到，首先，表中（2）列显示出高管的媒体行为在采矿业，制造业，电力、热力、燃气及水的生产和供应业，金融业，租赁和商务服务业，水利、环境和公共设施管理业，文化、体育和娱乐业七个行业中，对新闻与股票的关系是没有调节效应的；在农、林、牧、渔业，建筑业，批发和零售业，交通运输、仓储和邮政业，信息传输、软件和信息技术服务业，房地产业，科学研究和技术服务业七个行业中，对新闻与股票的关系存在显著的调节效应。其次，表中（1）列显示的新闻情绪因素（emotion）与（2）列显示的新闻情绪因素与高管媒体行为的交乘项（emotion * EXPOSURE）的回归系数的符号基本相反，说明针对新闻与证券市场之间的关系，公司高管高曝光度产生了负向的调节效应，即降低了新闻与证券市场的相关性，也就是说高管的高曝光削弱了公司股票的媒体效应。最后，为了更清晰地展示高管高、低曝光带来的差异性，表中（3）和（4）列分别显示了低、高曝光公司的新闻与股票收益率的相关性，表中（5）列显示了相对于低曝光公司，高管的高曝光对新闻与股票关系的削弱程度。通过比较各行业的削弱程度，发现批发和零售业，信息传输、软件和信息技术服务业，房地产业三个行业中公司高管的高曝光对新闻与证券市场的相关性的降低程度最为明显，普遍降低了 0.1%。上述结论，支持了假设 9a 和假设 9b，即公司高管的高曝光削弱了媒体对证券市场的影响力；对于不同行业，公司高管的高曝光对证券市场媒体效应的调节作用有所差异。

表 5.32　新闻情绪与低/高公司高管曝光率公司的股票收益率

行业	情感因素	（1）emotion	（2）emotion * EXPOSURE	（3）低曝光公司	（4）高曝光公司	（5）削弱程度
农、林、牧、渔业	pos	0.081 ***	−0.017	0.081	0.064	0.017
	neg	−0.229 ***	0.109 ***	−0.229	−0.120	0.109
	div	0.214 ***	−0.070 **	0.214	0.144	0.070
采矿业	pos	0.131 ***	−0.005	0.131	0.126	0.005
	neg	−0.117 **	−0.072	−0.117	−0.189	增强 0.072
	div	0.331 ***	−0.008	0.331	0.323	0.008

表5.32(续)

行业	情感因素	(1) emotion	(2) emotion * EXPOSURE	(3) 低曝光公司	(4) 高曝光公司	(5) 削弱程度
制造业	pos	0.062***	-0.001	0.062	0.061	0.001
	neg	-0.110***	0.004	-0.110	-0.106	0.004
	div	0.204***	-0.004	0.204	0.200	0.004
电力、热力、燃气及水的生产和供应业	pos	0.052***	-0.007	0.052	0.045	0.007
	neg	-0.122***	0.056	-0.122	-0.066	0.056
	div	0.219***	-0.066**	0.219	0.153	0.066
建筑业	pos	0.056***	-0.046*	0.056	0.010	0.046
	neg	-0.167***	0.137***	-0.167	-0.030	0.137
	div	0.195***	-0.050**	0.195	0.145	0.050
批发和零售业	pos	0.132***	-0.115***	0.132	0.017	0.115
	neg	-0.199***	0.139***	-0.199	-0.06	0.139
	div	0.289***	-0.105***	0.289	0.184	0.105
交通运输、仓储和邮政业	pos	0.095***	-0.039*	0.095	0.056	0.039
	neg	0.057	-0.054*	0.057	0.003	0.054
	div	0.161***	-0.064**	0.161	0.097	0.064
信息传输、软件和信息技术服务业	pos	0.090***	-0.089**	0.09	0.001	0.089
	neg	-0.252**	0.140***	-0.252	-0.112	0.140
	div	0.267***	-0.095***	0.267	0.172	0.095
金融业	pos	0.049***	-0.017	0.049	0.032	0.017
	neg	-0.052	0.036	-0.052	-0.016	0.036
	div	0.105***	-0.030	0.105	0.075	0.030
房地产业	pos	0.121***	-0.119***	0.121	0.002	0.119
	neg	-0.250***	0.109***	-0.25	-0.141	0.109
	div	0.234***	-0.096***	0.234	0.138	0.096

表5.32(续)

行业	情感因素	(1) emotion	(2) emotion * EXPOSURE	(3) 低曝光公司	(4) 高曝光公司	(5) 削弱程度
租赁和商务服务业	pos	0.045**	0.003	0.045	0.048	增强 0.003
	neg	−0.156**	0.067	−0.156	−0.089	0.067
	div	0.158***	−0.050	0.158	0.108	0.050
科学研究和技术服务业	pos	0.106***	−0.085**	0.106	0.021	0.085
	neg	−0.197**	0.095***	−0.197	−0.102	0.095
	div	0.251***	−0.063*	0.251	0.188	0.063
水利、环境和公共设施管理业	pos	0.023*	−0.022	0.023	0.001	0.022
	neg	0.006	−0.005	0.006	0.001	0.005
	div	0.057*	0.105*	0.057	0.162	增强 0.105
文化、体育和娱乐业	pos	0.002	0.030	0.002	0.032	增强 0.030
	neg	−0.107	−0.005	−0.107	−0.112	增强 0.005
	div	0.025	0.088	0.025	0.113	增强 0.088

注：*、** 和 *** 分别表示10%、5%和1%的显著性水平；1个单位表示1%的日收益率。

5.4.3.4 稳健性检验

本书分别从利用不同数据处理方式和利用不同分析模型的方式来保证实验结果的稳健性。首先，为了排除本书的研究结论与数据处理方式有关，本书分别采用三种不同的新闻情绪指标（pos、neg、div）来衡量新闻的内容，进行稳健性检验。表5.10、表5.13、表5.16、表5.19、表5.22、表5.25、表5.28、表5.31 和表5.32 分别考察了这种方法衡量的新闻情绪与证券市场收益率的实证结果，显示出三种衡量方法表示的新闻情绪与证券市场收益率都存在显著的关系，表明研究结论具有稳健性。

5.4.4 总结与分析

本节在5.4.3节实证结果的基础上，通过整理、归纳、总结与分析，进一步从施动者、受动者和管理者三个层面，探寻不同主题新闻对证券市场影响的差异、各行业公司股票受新闻影响的差异、公司高管媒体行为在证券市场媒体效应中调节作用的差异，考察新闻对证券市场的细微影响模式，完成互联网财经新闻与证券市场关联性的深入细致探索。

5.4.4.1　异质性新闻与证券市场：基于施动者视角

本节基于异质性新闻对证券市场的影响，围绕"新闻发布对证券市场异常收益率的影响"和"新闻中的情绪因素与股票收益率的关系"两个方面的新闻影响力的差异展开讨论。进一步对不同主题新闻对证券市场的影响力的差异性进行比较与总结，试图寻找产生这些差异的原因。

在"新闻发布对证券市场异常收益率的影响"方面，本书主要从新闻影响开始时间、结束时间、持续时间、影响的方向、影响的程度等多个角度，比较了不同主题新闻对证券市场的影响差异。为了更清晰地展示研究结果，表5.33列出了7类新闻中正面新闻和负面新闻对证券市场在不同方面的影响情况。每个主题里的中立新闻对证券市场都没有显著影响，故不再列出。

首先看正面新闻：①开始时间方面，政策类和运营与业绩类新闻对证券市场的影响开始最早，发布的前15天就产生了影响，可能是因为政策与运营状况是投资者可以提前得到或能够预判的信息，在消息公布之前投资者就已经做出了投资行为；违规处罚类新闻影响的开始时间最晚，可能是因为此类信息多为突发信息，投资者无法预料。②结束时间方面，政策类和重组并购类新闻的影响结束最晚，因为政策和重组并购可能严重影响到公司的长期预期，市场需要更长时间消化；违规处罚类新闻在发布当日就结束了影响，可能是因为新闻作者措辞不是很严厉，依然使用正面的词语，导致投资者能够快速接受。③持续时间方面，政策类和重组并购类新闻对公司影响的持续时间最久，措辞温和的违规处罚类新闻对公司影响的持续时间最短。④AAR方向方面，由于正面新闻普遍存在被市场提前反映的情况，所以在新闻发布前，市场已经出现了正向的AAR，新闻得到落实之后，AAR反而转为负向；令人意外的是，违规处罚类的正面新闻却始终保持着正向的AAR，用词较为积极的此类信息可能不足以让投资者相信事件能够对公司产生什么影响；持股变动类新闻的AAR表现出负正负的方向，可能原因在于董监高增持股票多是在公司业绩不佳、股票表现不好的时候，为了给投资者注入一针"强心剂"，但是仅能够维持较短时间。⑤影响最大日（ARR值）方面，普遍发生在新闻发布前1日或当日，产生正向异动，持股变动类新闻影响最大，可能在于"强心剂"发挥作用；高管类新闻影响最小，可能在于公司高管并没有透露与公司经营相关的重要信息，不足以使得投资者改变投资决策。⑥CAAR 趋势方面，其取决于 AAR 的方向，此处不再赘述。⑦影响结束 CAAR 值方面，运营与业绩类新闻最终给市场带来的影响最大，因为此类信息的正面新闻更容易让投资者相信公司发展良好，值得投资；持股变动类新闻最终给市场带来的影响最小，原因可能在于"强心剂"太短暂，不足以形成长期的影响。

其次看负面新闻：①开始时间方面，持股变动类的负面消息对证券市场的影响开始最早，这类新闻通常是指大股东限售股解禁，之后通常会抛售股票，但是此类信息都是公开信息，个人投资者往往在解禁前做出投资行为；违规处罚类新闻影响依然开始时间最晚。②结束时间方面，违规处罚类新闻的影响结束最晚，因为其他新闻可能提前被市场吸收，违规处罚是突发状况，使得投资者在较长一段时间内不信任公司，新闻发布后需要更多的时间反映在股价上。③持续时间方面，持股变动类新闻的影响持续时间最久，主要原因在于这类消息的提前吸收。④AAR 方向方面，大多主题的新闻是始终为负，持股变动类和 ESG 类新闻先正后负，运营与业绩类新闻表现出先正后负再正，可能原因在于这些新闻对市场的重大利空不像政策类、违规处罚类新闻那样明显，并且投资者可能通过小道消息知道这些信息，新闻发布前还有操作的空间。⑤影响最大日（ARR 值）方面，普遍发生在新闻发布当日或后 1 日，产生负向异动，违规处罚类新闻的冲击最大；公司高管类新闻影响最小，可能在于公司高管并没有透露与公司经营相关的重要信息。⑥CAAR 趋势方面，其取决于 AAR 的方向，此处不再赘述。⑦影响结束 CAAR 值方面，政策类和重组并购类新闻最终给市场带来的影响最大，可能原因在于负面的政策类新闻可能严重影响到公司的长期预期，使得公司的未来预期向坏；重组并购的失败意味着之前利好消息产生的超额收益都可能会消失，所以下调幅度最大。运营与业绩类新闻最终给市场带来的影响最小，可能是因为运营与业绩始终是公开信息，贯穿于公司的整个经营活动，时刻被投资者关注，不断反映在股价中，不会因为有新闻的发布产生剧烈的波动。

在"新闻中的情绪因素与股票收益率的关系"方面，5.4.3 节主要从新闻的积极情绪、消极情绪和情感分歧等多个角度，探索了不同主题新闻情绪对股票收益率影响的显著性、方向与大小。为了使研究结果更为清晰地展示与比较分析，表 5.34 列出了基于 CAPM 模型的 7 类新闻中 3 种新闻情绪指标对收益率的影响情况。不难看出，除了违规处罚类新闻，其他 6

种主题的 3 种新闻情绪因素都对证券市场产生了显著的影响,更进一步,积极情绪产生了正面的影响,消极情绪产生了负面的影响,情感分歧产生了正面的影响。首先看积极情绪因素,影响最大的是持股变动类新闻,回归系数达到了 0.085,说明投资者更容易被持股变动类的好消息吸引,可能是因为大股东对某只股票的增持直接透露出看好公司未来发展,对于投资者来说是很容易辨别的利好消息,且能够将注意力集中在这一只股票上,再加上媒体用更积极的情感对利好消息的渲染,产生了对证券市场最强的正面影响;影响最小的是违规处罚类新闻,而且回归系数不显著,可能原因在于违规处罚类新闻本就是重大的利空消息,投资者不会太在意媒体如何用积极的词汇传达这类信息。其次看消极情绪因素,影响最大的是违规处罚类新闻,回归系数达到了-0.198,说明投资者对利空消息的负面情绪更为敏感,可能原因在于投资者本就对公司缺乏信心,若媒体报道的用词更严重,投资者的心理将受到更强的负面冲击;影响最小的是公司高管类新闻,可能因为此类新闻不仅关注上市公司基本面相关的信息,还有大部分关注高管个人生活的曝光,因此,在一定程度上,投资者不会根据此类新闻改变对上市公司经营的预期,而会继续维持原有的投资决策。公司高管新闻与公司的运营状态相关度低,投资者不会因为高管的新闻改变对公司的看法。最后看情感分歧指标,该指标得到的结论与积极情绪指标基本一致,说明新闻中的积极情感词占据主导地位,符合第 4 章的发现,即我国媒体更倾向于报道利好消息,且多使用正面情感词汇,基本是负面情感词的 2 倍;但是,在重大利空新闻中,也就是违规处罚类新闻中,情感分歧度指标是无效的。

表 5.33 各主题新闻对证券市场影响状况统计表

新闻主题		开始时间	结束时间	持续时间	AAR 方向	影响最大日 (ARR 值/%)	CAAR 趋势	影响结束 CAAR 值/%
正面新闻	公司高管类	-10	+1	12	先正后负	-1 (0.11)	先升后降	0.46
	政策类	-15	+9	25	先正后负	0 (0.36)	先升后降	1.01
	运营与业绩类	-15	+1	17	先正后负	0 (0.30)	先升后降	1.16
	持股变动类	-11	+2	14	负正负	0 (0.40)	降升后降	0.24
	重组并购类	-14	+11	26	先正后负	0 (0.31)	先升后降	0.92
	ESG 类	-13	+1	15	先正后负	0 (0.24)	先升后降	0.87
	违规处罚类	-2	0	3	始终为正	-1 (0.17)	持续上升	0.49
负面新闻	公司高管类	-1	+1	3	始终为负	0 (-0.26)	持续下降	-1.68
	政策类	-1	+2	4	始终为负	0 (-0.30)	持续下降	-1.99
	运营与业绩类	-3	+1	5	正负正	+1 (-0.26)	升后升	-0.18
	持股变动类	-10	+1	12	先正后负	+1 (-0.28)	先升后降	-0.24
	重组并购类	0	+2	3	始终为负	0 (-0.31)	持续下降	-1.99
	ESG 类	-10	+1	12	先正后负	+1 (-0.30)	先升后降	0.39
	违规处罚类	0	+3	4	始终为负	0 (-0.34)	持续下降	-1.81

表 5.34　各主题新闻的 3 种情绪对证券市场影响状况统计表

新闻主题	股票收益率（r）		
	pos	neg	div
公司高管类	0.024 *** (7.98)	−0.060 *** (−3.61)	0.062 *** (8.36)
政策类	0.060 *** (26.14)	−0.094 *** (−6.86)	0.195 *** (31.27)
运营与业绩类	0.067 *** (34.45)	−0.121 *** (−13.43)	0.227 *** (43.53)
持股变动类	0.085 *** (16.19)	−0.162 *** (−9.73)	0.311 *** (22.13)
重组并购类	0.071 *** (26.36)	−0.065 *** (−5.14)	0.234 *** (31.73)
ESG 类	0.050 *** (19.82)	−0.177 *** (−14.51)	0.170 *** (25.52)
违规处罚类	0.002 (0.41)	−0.198 *** (−17.55)	−0.003 (−0.63)

注：*、** 和 *** 分别表示 10%、5% 和 1% 的显著性水平；1 个单位表示 1% 的日收益率；括号内为 T 检验的统计值。

总的来说，从持续时间、单日最大冲击幅度、持续影响程度、情绪因素等方面综合来看，政策类新闻对证券市场的影响最为明显，公司高管类新闻对证券市场的影响最小。值得一提的是，违规处罚类新闻表现出作用时间短，但是爆发力强的特点，尤其是新闻负面情绪能够对股票收益率产生极大的负面冲击。

5.4.4.2　新闻与各行业公司股票：基于受动者视角

本节基于新闻对各行业证券市场表现的影响，围绕"新闻发布对各行业股票异常收益率的影响"和"新闻中的情绪因素与各行业股票收益率的关系"两个方面，进一步对各行业股票的新闻影响差异做出比较与总结，试图寻找产生这些差异的原因。

在"新闻发布对各行业股票异常收益率的影响"方面，表 5.35 统计了新闻对各行业影响的开始时间、结束时间、持续时间、影响的方向、影响的程度等多个方面。可以发现，①开始时间方面，采矿业受到新闻影响的开始时间最早；金融业、租赁和商务服务业以及文化、体育和娱乐业开始时间最晚。②结束时间方面，新闻对各行业的影响普遍持续到新闻发布当日或者后 1 日。③持续时间方面，采矿业以及批发和零售业时间最长，主要原因是新闻出现前就已经被市场知晓，开始时间较早；类似地，由于新闻开始影响时间晚，租赁和商务服务业以及文化、体育和娱乐业的新闻影响时间只有 1 天。④AAR 方向方面，我国市场中大多为正面消息，且正面新闻普遍存在被市场提前反映的情况；所以在新闻发布前，各行业基本都出现了正向的 AAR 的情况；反而在新闻发布之后，前期已经获利的投资者会选择出售股票，使得 AAR 转为负。制造业在新闻发布后 AAR 依然为正，说明制造业中的新闻可能更容易影响到行业长期的表现，如制造成本降低、产品需求量加大。⑤影响最大日（ARR 值）方面，所有行业均是在新闻发布当日受到新闻冲击最大，且都为正向异动，其中，采矿业最明显，原因可能在于该行业行情对石油价格和国际大宗商品价格极为敏感，此类消息的出现能够大幅冲击股市；金融业受到的冲击最小，原因可能为金融业股票一般市值高、资金量大，不但自身抗风险能力强，而且具有稳定股市的作用。⑥CAAR 趋势方面，其取决于 AAR 的方向，此处不再赘述。⑦影响结束 CAAR 值方面，制造业受到新闻的影响最大，因为受冲击持续时间长；受影响最小的是金融业，因为新闻对金融业不但影响持续时间短，而且冲击最大的一天也仅有 0.1% 的异常收益。

在"新闻中的情绪因素与各行业股票收益率的关系"方面，5.4.3 节从新闻的积极情绪、消极情绪和情感分歧三个角度，探索了新闻情绪对各行业股票收益率影响的显著性、方向与大小。结论发现，总体上，新闻的积极情绪和情感分歧指标对各行业股票收益率都具有显著的正向影响，消极情绪对除了交通运输、仓储和邮政业，金融业以及水利、环境和公共设施管理业外的所有行业的股票收益率具有显著的负向影响。对于各行业，首先是积极情绪因素，对采矿业的影响最大，可能原因正如前文所提，该行业对石油和国际大宗商品价格非常敏感，再加上媒体用更积极的词汇传播，新闻的冲击力更强；对文化、体育和娱乐业的影响最小，原因可能在于该行业的新闻报道较为广泛，针对性不强。其次是消极情绪因素，对信息传输、软件和信息技术服务业的影响最大；对金融业的影响最小，原因可能在于金融行业公司市值高、资金量大，而且扮演稳定市场的角色，投资者对媒体的消极用词不敏感。最后是情感分歧指标，与前文的结论相似，对采矿业的影响最大，对金融业的影响最小（见表 5.31）。

表 5.35　各行业受新闻影响的异常收益率统计表

行业	开始时间	结束时间	持续时间	AAR 方向	影响最大日(ARR 值/%)	CAAR 趋势	影响结束 CAAR 值/%
农、林、牧、渔业	-1	0	2	负正负	0 (0.24)	降升降	0.49
采矿业	-5	+1	7	先正后平	0 (0.44)	先升后平	1.65
制造业	-3	+1	5	始终为正	0 (0.24)	持续上升	1.87
电力、热力、燃气及水的生产和供应业	-3	+1	5	先正后平	0 (0.23)	先升后平	1.13
建筑业	-2	+1	4	先升后负	0 (0.22)	先升后降	1.09
批发和零售业	-4	+1	6	先正后平	0 (0.29)	先升后平	1.22
交通运输、仓储和邮政业	-3	+1	5	先正后负	0 (0.22)	先升后降	0.87
信息传输、软件和信息技术服务业	-1	+1	3	先正后负	0 (0.28)	先升后降	0.23
金融业	0	+1	2	先正后负	0 (0.10)	先升后降	0.09
房地产业	-2	+1	4	先正后负	0 (0.24)	先升后降	0.77
租赁和商务服务业	0	0	1	先正后负	0 (0.14)	先升后降	0.57
科学研究和技术	-1	0	2	先正后负	0 (0.26)	先升后震	0.98
水利、环境和公共设施管理业	-1	0	2	先升后负	0 (0.15)	先升后降	0.61
文化、体育和娱乐业	0	0	1	先升后负	0 (0.14)	先升后降	0.31

注：*、**和***分别表示 10%、5%和 1%的显著性水平；1个单位表示 1%的日收益率。

总的来说，从持续时间、单日最大冲击幅度、持续影响程度、情绪因素等方面综合来看，不论是新闻的发布带来的冲击，还是媒体报道中情感倾向性的影响，金融业的上市公司抵御新闻冲击的能力最强、抗风险能力最强，采矿业的上市公司受到新闻冲击的影响最大、抗风险能力最弱。

5.4.4.3 公司管理者与证券市场媒体效应：基于管理者视角

本节在 5.4.3 节第三部分实证研究结果的基础上，围绕各行业上市公司高管媒体曝光行为对新闻与证券市场表现之间关系的调节效应展开讨论，进一步对各行业中高管曝光对证券市场的媒体效应的调节作用的差异性做出比较与总结，试图寻找产生这些差异的原因。总的来说，七个行业中，公司高管的高曝光对新闻与股票的关系产生了显著的调节效应。具体而言，①针对新闻与证券市场之间的关系，公司高管高曝光度产生了负向的调节效应，即降低了新闻与市场的相关性，也就是说高管的高曝光削弱了公司股票的媒体效应；②进一步比较发现，批发和零售业，信息传输、软件和信息技术服务业以及房地产业三个行业中公司高管的高曝光对新闻与证券市场的相关性的削弱程度最为明显，普遍降低了 0.1%（见表 5.32）。产生上述现象①的原因可能在于投资者的注意力是有限的，公司高管的高曝光降低了投资者对公司有价值信息的处理能力，从而导致投资者对媒体报道的公司基本相关信息的忽视，削弱了证券市场的媒体效应。产生现象②的原因可能在于，由表 5.5 可知，这三个行业中的公司高管新闻占所有新闻的比例最高，说明当高管消息占比足够高时，才能够转移投资者在其他有价值的企业基本面信息上的有限注意力，从而削弱新闻与市场的关系；相反，当高管消息占比不够高时，例如租赁和商务服务业，不足以占据过多的投资者有限注意力，投资者能够处理好此类新闻，因此不会削弱新闻与证券市场的关系。

5.5 本章小结

本章在对金融学领域资产定价经典理论进行系统性梳理与总结的基础上，采用合理的实证研究方法，从施动者、受动者、管理者三个角度，对互联网财经新闻的证券市场影响性进行了验证，揭示了二者更深层、复杂的关系。

首先是施动者层面。研究发现，对于 7 类主题的新闻，不论是新闻的发布还是新闻情绪因素，对证券市场收益率都有显著的影响。但是它们对证券市场的影响力存在明显的差异性，从新闻影响的持续时间、单日最大冲击幅度、持续影响程度、情绪因素等多个方面综合来看，政策类新闻对市场的影响最为明显，其次是违规处罚类新闻，而公司高管类新闻对市场的影响最小。

其次是受动者层面。研究发现，同样不论是新闻的发布还是情绪因素，新闻对各行业上市公司股票都有着显著的影响。不同行业的上市公司表现出的抗冲击能力不同，从新闻影响的持续时间、单日最大冲击幅度、持续影响程度、情绪因素等多方面综合来看，金融业的上市公司受到新闻冲击后表现出的波动最小，也就是抗风险能力最强，采矿业的上市公司受到新闻冲击后的波动最大，抗风险能力最弱。

最后是管理者层面。研究发现，对于新闻与证券市场之间的关系，受到投资者有限注意力的影响，半数行业的公司高管高曝光行为产生了负向的调节效应，即降低了新闻与证券市场的相关性，也就是说高管的高曝光率削弱了公司股票的媒体效应。这些行业普遍存在的特点是公司高管类新闻占比高，可以理解为只有公司高管新闻过于多时，才会引起有限注意力效应。

综上所述，本章成功地从多个维度（施动者、受动者、管理者）深化和拓展了互联网媒体新闻报道对相关上市公司证券风险波动的影响研究，完成了对证券市场新闻媒体效应更为细致和深入的探讨。基于本章的研究成果和思想，下一章将弥补传统的金融计量方法难以捕捉现实证券市场复杂动态过程的缺陷，进一步提出一个深度学习框架，用整体、连续，而非单一的数据关系，研究复杂市场因素对证券市场新闻媒体效应的综合影响，试图为解决金融学的经典命题提供一个智能计算的思维方式，为复杂经济系统风险研究拓展一个基于智能计算思维量化的新领域。在此基础上，还致力于弥补传统智能模型"大而泛"、捕捉信息的局部细微影响模式能力不足等缺陷，试图以"分而治之"的思想，为智能量化交易决策系统指明方向，能够进一步满足市场监管者、上市公司负责人、证券投资者等金融专业人士的需求。

6 基于深度学习的证券市场
新闻媒体效应的精准捕捉

　　上一章从施动者、受动者和管理者三个层面，对互联网财经新闻与证券市场之间的关联性进行了详尽的论证，从新闻的发布与新闻的内容（情绪因素）两方面的影响性切入，深入且细致地探索了不同主题新闻对证券市场的不同影响力、不同行业上市公司抵御新闻冲击的能力差异，以及高管不同媒体行为在新闻与证券市场关系中的不同调节效应。然而，仅依靠计量经济学模型揭示新闻与市场之间的关联性还远远不足，由于传统的金融计量方法难以捕捉现实证券市场复杂动态过程的缺陷，而机器学习模型能够捕捉资产定价背后的经济运行机制，且更容易运用到经济建模和投资组合的实际应用中（Gu et al., 2020）。因此，本章进一步提出了一个深度学习框架，用整体、连续，而非单一的数据关系，研究复杂市场因素对证券市场新闻媒体效应的综合影响，试图为解决金融学的经典命题提供一个智能计算的思维方式，为复杂经济系统风险研究拓展一个基于智能计算思维量化的新领域。

　　目前计算机领域关于智能量化交易模型的研究通常脱离了金融学背景，试图构建出能够广泛适用于整个证券市场的通用交易算法框架。事实上，证券市场的波动受到公司自身属性和市场信息等多方面影响因素的综合冲击，计算机学者所追求的证券市场通用智能模型实际上是过于"大而全"的，这种同质化智能模型反而加剧了投资行为的顺周期性，导致了羊群效应，并影响了证券市场的稳定运行。可见，研究出能够更精准捕捉新闻和证券市场局部复杂细微影响模式的智能分析模型是至关重要的。因此，本章提出的深度学习框架进一步打破单一学科的局限性，从金融学和计算机科学交叉学科的视角，提出的基于"分而治之"思想的智能模型，弥补传统智能模型大而泛、应对特殊情况处理能力不足、预测准确率不高的缺陷。并且，本章将结合证券市场数据连续性特点和新闻数据间断性的特点，创新性地提出一种基于财经新闻驱动的时序神经网络模型 N-LSTM (news-driven long short-term memory)。

总而言之，本章继续遵循"互联网财经新闻获取、主题判别与量化—证券市场媒体效应的多维深入探索—智能风险分析模型的精准捕捉"的研究逻辑主线，展开最后一部分的研究，即互联网财经新闻对证券市场局部细微影响模式的探索。具体而言，首先，对现有的捕捉证券市场媒体效应的智能模型进行系统性的梳理，选择适用于本章研究问题的基础智能分析模型；其次，在对经典 LSTM 模型进行详细介绍的基础上，指出本章在研究过程中可能面临的问题以及经典 LSTM 模型的缺陷；再次，针对研究的问题和特点，在经典 LSTM 模型的基础上改进并设计出适用于本章研究的 N-LSTM 模型；最后，对实证结果进行归纳、总结与分析，发掘智能模型在各主题新闻、各行业公司、各高管媒体行为条件下的表现优劣。

6.1　模型选择

随着人工智能技术在图像识别、机器翻译、自然语言处理等领域的成功应用，越来越多的学者尝试运用机器学习技术来研究不同市场因素与证券市场波动的关系。相比经济学模型关注二者之间的因果关系，机器学习模型注重挖掘两者之间复杂的非线性关联，能够更全面、准确地捕捉互联网媒体对证券市场影响的深度和广度。通常做法是将不同维度的信息（如市场交易数据、媒体报道、情感信息等）的特征值拼接成一个超级特征向量作为输入变量，将证券市场波动指标（如股票价格、交易量、换手率、收益率等）作为目标变量，然后通过构建机器学习模型来捕捉媒体与证券市场的关系。支持向量机（SVM）、人工神经网络（artificial neural network，ANN）、深度神经网络（DNN）、长短期记忆网络（LSTM）四种机器学习技术在证券市场媒体效应领域中取得了优秀的成果。

SVM 的核心思想是在多维空间中构造一个超平面，将不同类别的样本分隔开（在证券市场领域可以理解为涨和跌两个类别）。在实际应用中，通常会遇到样本集在原始空间内线性不可分的情况，SVM 采用映射的方法，将原始空间中的样本映射到相对高维的特征空间中去，通过最大化分类边际寻找一个最优的分类超平面，使得不同类别的样本在空间中尽可能被超平面隔开。然而随着维数的增加，计算量会呈指数倍增长，从而陷入"维数灾难"，致使 SVM 的性能急剧下降。核函数技术能够将高维空间中的内积转变为原空间中的某个函数，使 SVM 不用直接在高维空间中进行计算，大大简化了计算，避免了"维数灾难"的发生。观察到 SVM 的卓越性能后，学者开始利用 SVM 来捕捉媒体与证券市场的关系。例如，Ren 等（2018）利用 SVM 成功捕捉投资者情绪与纳斯达克综合指数的关系，Long 等（2019）利用 SVM 模型预测财经新闻内容对公司股票价格走势的影响。

近年来，随着 ANN 的研究工作不断深入，已经在人机博弈、人脸识别、自动驾驶等领域取得了长足的进步。ANN 的构建理念是对人类大脑神经元之间信息传递和处理的模拟，主要由输入层、隐藏层、输出层构成，输入层负责接收外部信息，隐藏层负责处理外部信息和不断调整神经元之间的连接属性，输出层负责对计算的结果进行输出。ANN 在证券市场媒体效应领域同样得到了广泛的应用，Bollen 等（2011）利用自组织模糊神经网络成功地发现了推特中提取的投资者公众情绪与道琼斯工业指数的联系。Pinto 和 Asnani（2011）利用反向传播神经网络预测新闻内容与股票价格之间的关系。Shastri 等（2019）将财经新闻标题中的情感因素和股票历史数据作为 ANN 的输入变量，来共同预测股价的变化趋势，验证了模型在不同时间段的有效性。

神经网络的层数直接决定了它对现实世界的刻画能力（Bengio，2009）。相较于"浅层"神经网络，DNN 拥有更多的隐藏层，更加复杂，处理信息的能力更强，且实现了非结构化文本数据高维度关联分析的突破，故能更好地刻画媒体对证券市场波动的真实影响。Ding 等（2014）率先将 DNN 运用于证券市场媒体效应，发现了新闻与证券市场之间隐藏的间接关系，还表明 DNN 比 SVM 预测效果更好。Peng 和 Jiang（2015）基于词嵌入法和 DNN 来预测财经新闻对股价波动的影响，其实验结果证明了该算法不仅简洁高效，还有效地提高了预测精度。Li 等（2020b）构建了一个分层 DNN，用于捕捉股市技术分析指标信息和新闻情绪信息与证券市场波动的关系，发现结合两种信息的模型能够达到最优的预测效果。

事实上，上述模型都忽视了作为输入量的市场信息数据还具备一个重要特性——时序性，即当前的输入数据产生的结果受到前序输入数据的影响。为此，学者利用 LSTM 模型去研究市场信息与证券市场波动的关系。

LSTM 模型实质上是递归神经网络（RNN）的一种变体，RNN 的目的是学习长期的依赖性，但是经验证据表明 RNN 很难学习并长期保存信息。LSTM 模型特有的输入门、遗忘门、输出门结构，解决了传统 RNN 无法解决的长期依赖问题，使得模型具备了长时记忆的能力。LSTM 模型在证券市场媒体效应领域取得了成功的应用，例如，Akita 等（2016）利用 LSTM 模型来研究新闻事件对证券市场波动的影响，Sun 等（2017）用 LSTM 模型研究微博上的文本信息对中国证券市场的影响。

综上所述，本章将在优化经典 LSTM 模型的基础上，提出更适用于本书研究问题的 N-LSTM 模型。此外，为了全面衡量 N-LSTM 模型的有效性和准确性，本章将目前证券市场媒体效应领域中表现较优的 SVM、ANN 和 DNN 模型作为基准，与 N-LSTM 模型进行比较，同时利用经典 LSTM 模型考察模型的改进效果。

6.2 LSTM 模型的基本原理及问题

对于一些有明显的上下文特征的序列化输入，比如预测一句话中的最后一个词，那么很明显这样的输出必须依赖长时间之前的输入，也就是说神经网络必须拥有一定的"记忆能力"。为了赋予神经网络这样的记忆力，递归神经网络（RNN）便应运而生。但是理论和经验证据表明，RNN 很难学习并长期保存信息，存在长期依赖问题。LSTM 模型作为一种变体 RNN，解决了长期记忆的依赖问题，更适合处理和预测时间序列中间隔和延迟非常长的重要事件。

RNN 在某时刻的输入不但包含当前信息，还在一定程度上保留了先前时刻所感知的信息。因此，RNN 由当前和不久之前两种输入共同决定输出结果。这种特有的记忆能力让 RNN 在文本生成、语音识别、图像描述等领域表现出优秀的效果。

然而，RNN 的网络层和时间步是通过乘法相互联系的，在反向传播时可能会出现梯度消失或梯度爆炸的问题，使得模型无法达到预期效果。为了解决上述问题，Hochreiter 和 Schmidhuber（1997）提出了具有长短期记忆功能的 RNN 变体，即 LSTM 模型。LSTM 模型保留误差，并将误差沿着网络层和时间两个通道反向传递，能够修正网络中大量的参数。误差保持在一个恒定水平，这样神经网络便可以进行长时间步的学习，成功建立了远距离因果联系的通道。

具体而言，LSTM 模型通过其特有的门控细胞（cell），包括输入门、遗忘门和输出门等"核心部件"，决定细胞中保留哪些信息，以及何时可以读取、写入或者清除细胞中的信息。经典 LSTM 模型的细胞结构如图 6.1所示。其中，X_t 和 H_t 分别代表当前时刻 t 的输入和输出；输入门用来将新信息中有价值的信息记录到细胞状态中，遗忘门用来清除细胞状态中没有用的信息，输出门用来筛选出有用信息用于结果输出，对于每个门控，需要通过模型的训练来获取三个门的权重；图中 ⊗ 与激活函数相关联，包括 Sigmoid 激活函数和双曲正切函数；中央的节点即细胞内部状态，以数量 1 为权重来跨越时间步，再反馈到本身；内部状态的自连接边被称为恒定误差传送带。

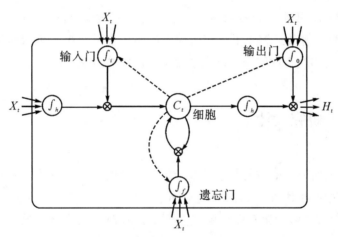

图 6.1　经典 LSTM 模型的细胞结构

实质上，遗忘门能够帮助本书清除前期保留的信息与股票波动规律，即细胞记忆 C_{t-1} 中对当前预测没有帮助的信息；输入门将当前时期的市场有效信息加入细胞记忆，得到新的 C_t；输出门过滤出有帮助的记忆信息进行后续预测。通过细胞记忆 C_{t-1} 到 C_t 这种记忆流动模式，记录时序数据中更多有助于预测的信息。

Hinton 等（2012）的研究均表明，LSTM 模型对时间序列数据进行预测时表现出良好的效果。有学者开始尝试利用 LSTM 模型处理证券市场中股票基本面信息的时间序列数据，并取得较好效果。例如，Chen 等

（2016）基于中国证券市场，利用 LSTM 模型和历史交易数据来预测市场未来收益率，成功获得了 27.2% 的收益率。经典 LSTM 模型在处理类似股票交易数据这类连续时间序列数据时，表现出良好的效果。但是，这些研究忽视了证券市场交易数据和公司基本面数据与媒体数据存在的一个巨大差异，即时间间隔。对于交易数据和基本面数据，剔除非交易日，通常是连续的数据，而媒体数据之间往往存在间隔。以平安银行（股票代码：000001）为例，在本书研究样本中 2015 年 1 月 1 日存在 1 条新闻，但是下一条新闻出现在 1 月 8 日，中间有 4 个交易日是没有新闻数据的。而且这种现象是随机发生的，存在从几天到几周，甚至数月的时间间隔，如果简单地舍弃没有对应新闻日期的交易数据和基本面数据，会导致本该连续的数据变得不连续，丢失掉很多有用的信息，严重影响研究的有效性和准确性（Li et al.，2016）。

基于上述问题，本书创新性地提出基于财经新闻驱动的 LSTM 模型（N-LSTM），有效地解决了连续时序性的市场交易数据与离散时序性的财经新闻数据相融合的问题，提高了模型判定的准确率。

6.3　研究设计

本章的研究目的首先是检验基于新闻驱动的 N-LSTM 模型在证券市场媒体效应中的实用性；其次从施动者、受动者和管理者三个层面，利用 N-LSTM 模型具体量化互联网财经新闻对证券市场的影响；最后，完成基于"分而治之"思想的模型与"广泛适用"模型在投资模拟中的比较，帮助市场参与者解析并合理分析和规避风险。

6.3.1　样本选择与数据来源

本章以 2015 至 2017 年剔除 ST 和 * ST 股票的中国沪深两市 A 股上市公司为研究样本，覆盖 2 253 家上市公司，732 个交易日。数据样本主要有证券市场数据和互联网财经新闻数据。

①证券市场数据：包括证券市场交易数据和上市公司基本面数据，全部来自国泰安数据库（CSMAR），涵盖上市公司股票的开盘价、收盘价、最高价、最低价、成交量、换手率、市盈率、市净率八个指标数据。

②互联网财经新闻数据：利用本书研发的定向分布式网络抓爬器，从最受我国投资者欢迎的中国 36 个主流财经网站（见附录）获取的近 115 万条互联网财经新闻。

6.3.2 主要变量的衡量

为了提高模型的准确性和性能，首先需要对证券市场数据进行处理，使得数据符合 N-LSTM 模型的数据规范。在利用模型进行证券市场风险波动预测时，需要将证券市场交易数据、上市公司基本面数据、互联网财经新闻数据三类数据的特征值拼接成一个超级特征向量作为模型的输入量。但是不同的特征维度通常具有不同的量纲和单位，会严重影响模型的效率的效果。数据经过标准化处理，可以消除特征指标之间量纲的影响。

N-LSTM 模型采用基于时间的反向传播算法（backpropagation through time，BPTT）来更新神经网络中的权重和偏置项，其中的关键是梯度下降。如果数据未经过标准化处理，当特征向量中不同特征之间取值差异非常大时，也就是当特征尺度不一样，将导致损失函数的曲面分布很偏很细，甚至出现截面是"U"形的情况，使得偏导过大、梯度下降过慢，导致训练的时间过长。因此，本节需要将本章研究涉及的变量进行标准化处理。

本章所采用的证券市场数据不存在严重偏大或偏小的不真实值，因此不需要对异常值进行处理。并且证券市场数据的每个特征内部的数值都比较集中，为了提高模型的效率，本章将采用最大最小标准化法（min-max normalization）对证券市场数据进行归一化处理，将数据映射到 0 与 1 之间，转换函数如下所示：

$$x' = \frac{x - \min(x)}{\max(x) - \min(x)} \qquad 式（6.1）$$

其中，x 为特征变量原始值，x' 为标准化后的值。

本章所采用的互联网财经新闻数据参照 Tetlock（2007）的做法，利用新闻中的情感词汇来衡量新闻情绪，量化成正面情绪、负面情绪和情感分歧度 3 个指标。具体而言，首先，将新闻文本与 CFSD 情感词典匹配，统计新闻中正面、负面情感的频数；其次，利用情感词频数和全文总词数，构建出衡量新闻情绪的 3 个指标 pos（正面情绪指标）、neg（负面情绪指标）、div（情感分歧度指标），详细计算过程见 4.3 节。事实上，该量化方法是利用零-均值标准化（Z-score normalization）方法将新闻中情感词数占总词数的比例进行标准化处理，符合 N-LSTM 模型的数据规范。此外，对于公司高管曝光率的衡量请参考 5.3.2 节，该数据取值为 0 或 1 同样符合本章研究的要求。本章提到的变量的具体说明详见表 6.1。

表 6.1　证券市场数据与新闻数据解释描述

数据类型	变量	描述
证券市场交易数据	开盘价（open）	股票在交易日开市后的第一笔每股买卖成交价格
	收盘价（close）	股票在交易日最后一笔交易前一分钟所有交易的成交量加权平均价
	最高价（high）	股票在交易日从开市到收市的交易过程中所产生的最高价格
	最低价（low）	股票在交易日从开市到收市的交易过程中所产生的最低价格
	成交量（volume）	股票在某一交易日内具体的交易数量
	换手率（turnover）	在一定时间内股票市场中某只股票转手买卖的频率
上市公司基本面数据	市盈率（P/E）	每股市价与每股盈利的比率
	市净率（P/B）	每股股价与每股净资产的比率
互联网财经新闻数据	正面情绪（pos）	新闻积极情绪因素指标，用积极情感词数与总词数衡量
	负面情绪（neg）	新闻消极情绪因素指标，用消极情感词数与总词数衡量
	情感分歧度（div）	新闻情绪分歧度指标，用积极情感词数和消极情感词数衡量
	公司高管曝光率（EXPOSURE）	公司高管曝光度，曝光度高为 1，低为 0

6.3.3　基于新闻驱动的 N-LSTM 模型

为了解决经典 LSTM 模型在处理互联网财经新闻数据不定时间间隔特性带来的记忆失效问题，本书将互联网财经新闻的发布视为一种触发机制，进而提出基于新闻驱动的 N-LSTM 模型。本章将介绍 N-LSTM 模型的具体创新点和构建方法，以及模型输入向量的构造方法。

（1）N-LSTM 模型的构建

虽然经典 LSTM 模型在处理类似股票交易数据这类连续时间序列数据时能够表现出优良的效果，但是在面对类似财经新闻这种离散时间序列数据时，难以发挥出最大的优势。具体而言，由于财经新闻并不会在每个交易日都出现，在交易日中缺少新闻的数据会使得 LSTM 模型在探寻市场信息和新闻信息对证券市场趋势的影响时，加速神经网络中保留的前期记忆的失效。为了解决该问题，本书在对 LSTM 模型细胞改造的基础上，创新性地提出基于新闻驱动的 LSTM 模型即 N-LSTM。该模型核心通过增加一个新闻增强门（news enforce gate，图 6.2 中 n_t），使得神经网络可以根据输入向量调整记忆中关于历史新闻影响力的强度。模型的细胞具体改造如图 6.2 所示。

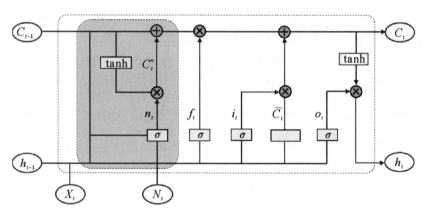

图 6.2　基于新闻驱动的 N-LSTM 模型在 t 时期的细胞结构

如图 6.2 所示，对于 t 时期的结构，输入包括前期输出 h_{t-1}、前期细胞记忆 C_{t-1} 和当期市场信息 X_t。其中，前期输出 h_{t-1} 记录了前期模型隐藏层信息，细胞记忆 C_{t-1} 记录了在前期市场信息中获得的规律。t 时期的细胞结构运作模式具体如下：

第一，利用新闻增强门 n_t 来增强新闻的影响力。首先，在对 C_{t-1} 进行信息过滤前，使用 tanh 函数将 C_{t-1} 的范围限定在 -1 到 1；其次，将它与 n_t 门的输出相乘，从而得到新闻驱动下的细胞记忆 C_t^n；最后，将结果加入细胞的记忆中。当交易日中有新闻数据缺失时，神经网络将利用前期已有的记忆信息填充缺失信息。填充的具体强度和内容证实需要模型学习获得的参数。n_t 门的计算如下：

$$n_t = \sigma(W_n \cdot [C_{t-1}, N_t] + b_n) \qquad \text{式 (6.2)}$$

其中，σ 为 Sigmoid 激活函数，W_n 为新闻增强门 n_t 的参数，$\cdot$ 为点乘操作，N_t 为输入向量中新闻信息，b_n 为 n_t 的偏置项。新闻驱动下的细胞记忆 C_t^n 计算如下：

$$C_t^n = n_t * \tanh(W_{ne} \cdot C_{t-1} + b_{ne}) \qquad \text{式 (6.3)}$$

其中，$\tanh$ 为双曲正切激活函数；W_{ne} 和 b_{ne} 分别为新闻增强状态网络参数和偏置项。

第二，利用遗忘门 f_t 舍弃对当前无用的信息。首先，根据 h_{t-1} 和 X_t，结合 Sigmoid 激活函数得到对当前证券市场状态判断无用的信息。其次，与加强过后的 C_{t-1} 进行逐点成乘操作，更新细胞记忆状态，即舍弃细胞记忆中的无用信息。f_t 门的计算如下：

$$f_t = \sigma(W_f \cdot [h_{t-1}, X_t] + b_f) \qquad \text{式 (6.4)}$$

其中，W_f 和 b_f 分别为遗忘门参数和偏置项。

第三，利用输入门 i_t 增加新的信息到细胞记忆中。首先，根据 h_{t-1} 和 X_t，结合 Sigmoid 激活函数得到对当前证券市场状态判断有用的信息。其次，通过 h_{t-1} 和 X_t 函数映射机制，得到保留市场信息的临时细胞记忆 $\widetilde{C}_t$。再次，利用 i_t 与 $\widetilde{C}_t$ 进行逐点成乘操作，得到需要添加到记忆中的新信息。最后将结果加入细胞的记忆中，得到当期细胞记忆 C_t。i_t 的计算如下：

$$i_t = \sigma(W_i \cdot [h_{t-1}, X_t] + b_i) \qquad \text{式 (6.5)}$$

其中，W_i 和 b_i 分别为输入门的参数和偏置项。$\widetilde{C}_t$ 的计算如下：

$$\widetilde{C}_t = \tanh(W_c \cdot [h_{t-1}, X_t] + b_c) \qquad \text{式 (6.6)}$$

其中，W_c 和 b_c 分别为细胞记忆临时状态网络参数和偏置项。C_t 的计算如下：

$$C_t = (C_{t-1} + C_t^n) * f_t + i_t * \widetilde{C}_t \qquad \text{式 (6.7)}$$

至此，已经得到当期细胞记忆 C_t。

第四，利用输出门 o_t 以及结合上文得到的 C_t，得到细胞的输出 h_t。首先，利用 Sigmoid 激活函数对 h_{t-1} 和 X_t 输入进行输出筛选；其次，利用 $\tanh$ 激活函数映射当期细胞记忆 C_t；最后二者相乘，得到当前 t 时期的输出 h_t。计算过程如下：

$$o_t = \sigma(W_o \cdot [h_{t-1}, X_t] + b_o) \qquad \text{式 (6.8)}$$

其中，W_o 和 b_o 分别为输出门的参数和偏置项。h_t 的计算如下：

$$h_t = o_t * \tanh (C_t) \qquad\qquad 式（6.9）$$

通过增加新闻增强门 n_t，N-LSTM 模型在缺失新闻数据的交易日也可以很好地利用前期细胞中的记忆去弥补没有新闻的缺陷，成功解决了离散的新闻数据给经典 LSTM 模型带来的问题。事实上，N-LSTM 模型的学习过程与新闻信息在投资者投资决策过程中的作用机理是一致的，即在没有新闻的交易日中，投资者会考虑到前几日新闻的影响是否会持续到当日，导致前期的新闻依然能够影响到投资者当期的投资行为。

（2）输入向量构造

有效市场假说认为，从长期来看，证券的价格由企业的内在价值决定（Fama，1965）。从短期来看，行为金融学认为，证券短期价格受到多种因素的影响，其中媒体信息引起的投资者情绪波动是一个重要风险源。因此，N-LSTM 模型的输入向量主要由两部分组成，即证券市场信息和互联网财经新闻信息。具体而言：

①证券市场信息：主要包括市场交易数据和上市公司基本面数据，根据 Fama 和 French（1993）、Alkhatib 等（2013）以及 McLean 和 Pontiff（2016）的研究，本书选取了相关的八个衡量指标：开盘价、收盘价、最高价、最低价、成交量、换手率、市盈率和市净率，作为模型输入向量的组成部分。

②互联网财经新闻信息：根据 Tetlock（2007）的研究，本书将新闻信息主要通过新闻情绪的三个指标 pos（正面情绪指标）、neg（负面情绪指标）、div（情感分歧度指标）来衡量，详细计算过程见 4.3 节。

此外，N-LSTM 模型需要根据交易日有无新闻的情况来对新闻情绪因素进行过滤处理，因此，本书还需要加入有无新闻的标识，标识位的值为 1（有新闻）或 0（无新闻）。

根据 Tetlock（2007）、何欣（2012）、Li 等（2020a）等多项研究结果显示，证券市场信息的有效影响时间为 5 天，且 LSTM 模型能够获得较好的效果。因此，本书将滑动窗口大小设置为 5，即使用前 5 天的股票交易数据和新闻情感数据向量去预测第 6 天的股价走势。N-LSTM 模型的输入向量结构如表 6.2 所示。

表 6.2 N-LSTM 神经网络的输入向量结构表

序号	描述	序号	描述		序号	描述
1	t−5 日开盘价	13	t−4 日开盘价	……	49	t−1 日开盘价
2	t−5 日收盘价	14	t−4 日收盘价	……	50	t−1 日收盘价
3	t−5 日最高价	15	t−4 日最高价	……	51	t−1 日最高价
4	t−5 日最低价	16	t−4 日最低价	……	52	t−1 日最低价
5	t−5 日成交量	17	t−4 日成交量	……	53	t−1 日成交量
6	t−5 日换手率	18	t−4 日换手率	……	54	t−1 日换手率
7	t−5 日市盈率	19	t−4 日市盈率	……	55	t−1 日市盈率
8	t−5 日市净率	20	t−4 日市净率	……	56	t−1 日市净率
9	t−5 日 pos 值	21	t−4 日 pos 值	……	57	t−1 日 pos 值
10	t−5 日 neg 值	22	t−4 日 neg 值	……	58	t−1 日 neg 值
11	t−5 日 div 值	23	t−4 日 div 值	……	59	t−1 日 div 值
12	t−5 日标识	24	t−4 日标识		60	t−1 日标识

6.3.4 对比实验设置

为了衡量本书提出的基于财经新闻驱动的时序神经网络模型 N-LSTM 的有效性和准确性，本章将目前证券市场媒体效应领域中表现较优的 SVM、ANN、DNN 和经典 LSTM 四种机器学习模型作为基准模型，与 N-LSTM模型进行比较，考察 N-LSTM 模型的改进效果。各模型的核心思想和它们捕捉媒体信息与证券市场风险波动之间关系的能力大致介绍请见本章 6.1 节。本章主要设置两组对比实验，首先进行仅利用证券市场数据的 SVM、ANN、DNN 与经典 LSTM 之间的比较，其次进行利用证券市场数据和互联网财经新闻数据的 SVM、ANN、DNN、经典 LSTM 与 N-LSTM 之间的比较，用于考察新闻因素对模型的提升效果，以及改进的 N-LSTM 模型对新闻因素的捕捉能力的提升效果。

当完成上述验证模型性能的对比实验之后，将选择出效果最优的模型（N-LSTM），完成后续基于"分而治之"思想的研究。具体而言，分别从施动者、受动者和管理者三个层面，考察 N-LSTM 模型在不同主题新闻、不同行业板块、不同公司高管媒体行为中的表现差异，分别在每个层面选出表现最优的模型构成后续的投资模拟模型，与"广泛适用"模型进行最后的比较。

6.3.5 模型性能评估指标

本章参照目前在证券市场风险波动预测领域中评价智能模型常用的评估指标，趋势预测准确率（directional accuracy，DA）和 ROC 曲线下方的面积大小（area under curve，AUC），来共同评价本章所涉及的机器学习模型的预测效果。DA 通过预测股价波动趋势与实际股价波动趋势之间的关系来衡量，如预测股价未来会跌，实际情况也为跌，说明趋势预测正确。DA 的计算如下：

$$DA = \frac{n}{N} \hspace{3cm} 式（6.10）$$

其中，n 代表趋势预测正确的数量，N 是总的预测数量。但是，对于样本类别不平衡的数据集，DA 评价指标可能存在严重的失真。例如现有 100 个样本，其中有 90 个样本为 A 类别，10 个样本为 B 类别，模型仅需要将所有样本简单地预测为 A 类别，那么它就可以获得 90% 的准确率，显然仅用 DA 来评价本章的模型效果是不够的。因此，本章进一步采用 AUC 作为模型的评估指标，能够有效避免不平衡数据集带来的问题。AUC 被定义为 ROC 曲线下与坐标轴围成的面积，ROC 曲线全称为受试者工作特征曲线（receiver operating characteristic curve），基于混淆矩阵得出，具体而言，一个二分类模型的阈值可能设定为高或低，每种阈值的设定会得出不同的假正率（FPR）和真正率（TPR）[1]，将同一模型每个阈值的 FPR 和 TPR 坐标都画在 ROC 空间里，就构成了特定模型的 ROC 曲线。ROC 曲线横坐标为 FPR，纵坐标为 TPR。DA 和 AUC 越接近 100%，则说明模型的预测准确率越高，效果越好。本章将股票 t 日收盘价（$close_t$）与前 1 日收盘价（$close_{t-1}$）的差值的正负作为模型趋势预测的目标，若 $close_t - close_{t-1} \geq 0$，则 t 日的趋势为涨（标记为 1），若 $close_t - close_{t-1} < 0$，则 t 日的趋势为跌（标记为 0）。

---

[1] $FPR = \dfrac{FP}{FP+TN}$，$TPR = \dfrac{TP}{TP+FN}$，TP、FP、FN 和 TN 的具体定义见表 4.2。

6.4 研究结果与分析

本节首先在仅使用证券市场数据的情况下比较了基准模型的优劣；其次，在同时使用证券市场数据和互联网财经新闻数据的情况下，比较了 N-LSTM 模型相对于基准模型的优势；再次，从施动者、受动者和管理者三个层面，验证了 N-LSTM 模型在不同新闻主题、不同行业公司和不同公司高管媒体行为情况下对风险感知的能力；最后，将不同情况下表现最优的模型构成投资策略，与"广泛适用"的模型进行比较。

6.4.1 基准模型效果研究

本节考察了 SVM、ANN、DNN、经典 LSTM 这 4 个基准模型仅在证券市场数据集上的效果。选取 2 253 家上市公司在 2015 至 2017 年的前 27 个月的数据作为训练集，后 9 个月的数据作为测试集。图 6.3 展示了 4 个模型的趋势预测准确率和 AUC。可以看出，在仅使用公司基本面数据的情况下，4 个模型的表现比较接近，准确率普遍在 53% 左右，且 DA 与 AUC 的差别不大。相比之下，SVM 的表现不佳，可能是输入向量中包含了 40 个特征，导致模型过于复杂，使其在测试集上表现不佳。表现最好的是 LSTM 模型，可见在处理时序数据时，引入长短期记忆的 LSTM 模型能够捕捉到更多的有价值信息，更有利于预测证券市场的波动趋势。

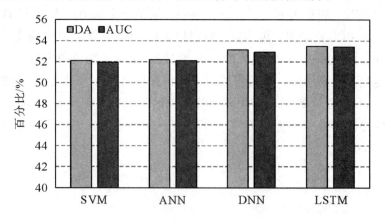

图 6.3 基准模型实验结果对比（证券市场数据）

6.4.2 新闻驱动方法效果研究

本节考察了 SVM、ANN、DNN、经典 LSTM 这 4 个基准模型和 N-LSTM 模型在证券市场数据集和互联网财经新闻数据集上的效果。选取 2 253 家上市公司在 2015 至 2017 年的前 27 个月的数据作为训练集，后 9 个月的数据作为测试集。图 6.4 展示了基于证券市场数据和互联网财经新闻数据的 5 种模型的实验对比结果。与图 6.3 相比，可以发现，在加入互联网财经新闻数据后，4 种基准模型的准确率均有较高的提升，说明新闻中的情绪因素能够对证券市场波动产生影响，且本书所采用的 4 种机器学习模型都能够较好地捕捉新闻的影响力。同时，与全部基准模型相比，N-LSTM 模型在准确率衡量下明显具有更好的表现，DA 达到了 57.14%，AUC 达到了 56.85%，实验的评估结果都远远高于其他基准模型，说明 N-LSTM 模型加强了对证券市场受互联网财经新闻影响规律和模式的捕捉。并且，与经典 LSTM 模型相比，N-LSTM 模型的准确率提高了将近 2 个百分点，说明 N-LSTM 模型成功避免了新闻信息的不定时间间隔导致的时序数据减弱过快的问题，能够实现以新闻作为驱动力，加强了信息的传递，能够捕捉到更多的有价值信息。

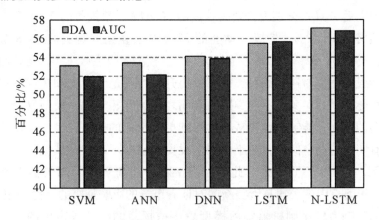

图 6.4　基准模型与 N-LSTM 模型实验结果对比

（证券市场数据和互联网财经新闻数据）

6.4.3　N-LSTM 模型在不同主题新闻中的表现：基于施动者视角

至此，本书已经验证了所提出的基于财经新闻驱动的时序神经网络模型 N-LSTM 的有效性。从本节开始，本书将基于"分而治之"的思想，不再局限于利用所有新闻对整个证券市场风险波动的预测，而是分别从施动者、受动者和管理者三个层面切入，深入细致地探索 N-LSTM 模型在每个层面中的表现，为后续的量化投资策略提供建议，以及为市场不同主体给予指导和建议提供有力的支撑。

本节研究将从施动者层面展开，挖掘新闻局部（不同主题类别的新闻）与证券市场的非线性关联。首先，按照 4.2 节的互联网财经新闻主题分类方法，将 114.8 万条互联网财经新闻数据按照内容主题分为公司高管类、政策类、运营与业绩类、持股变动类、重组并购类、ESG 类、违规处罚类 7 个类别；其次将各类新闻与上市公司股票代码和日期匹配；最后，采用 4.3 节的新闻量化方法，将新闻用其中 3 类情绪因素来表征。最终本书按照新闻主题类别得到 7 组数据，并将每组数据在 2015 至 2017 年的前 27 个月的数据划分为训练集，后 9 个月的数据划分为测试集。

图 6.5 展示了 N-LSTM 模型分别基于不同主题的新闻来判断证券市场未来趋势的表现情况。总的来说，当把所有新闻按照主题分开，再根据每类新闻对市场进行趋势预测，一定程度上提升了模型的效果。具体而言，以 AUC 指标为例，利用全部新闻进行实验时，AUC 为 56.85%，当按照主题分类之后，AUC 分别为公司高管类的 56.64%、政策类的 58.54%、运营与业绩类的 57.12%、持股变动类的 57.61%、重组并购类的 56.81%、违规处罚类的 58.82% 和 ESG 类的 56.74%。模型效果在政策类、运营与业绩类、持股变动类与违规处罚类中有所提升，特别是政策类和违规处罚类新闻。可能是因为避免了不同类别的新闻之间的互相干扰，模型仅针对同一种类型的新闻，能够更容易从中学习到更有价值的信息，例如违规处罚类新闻有明显的利空倾向，对于模型来说更容易学习，在有其他信息干扰的情况下，反而达不到效果。此外，模型对公司高管类新闻的捕捉能力较差，与第 5 章中的公司高管类新闻对证券市场的影响最小的结论是相似的，新闻的影响力较小则机器学习模型更难捕捉新闻与证券市场的关系，同理，N-LSTM 模型能够在政策类和违规处罚类新闻中表现出较优的效果一定程度上是因为第 5 章发现这 2 类新闻对证券市场有更强的冲击力。

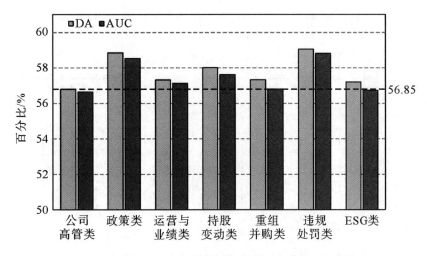

图 6.5　基于 N−LSTM 模型的不同新闻主题实验结果对比

6.4.4　N−LSTM 模型在不同行业公司中的表现：基于受动者视角

本节研究从受动者层面展开，挖掘新闻与证券市场局部（不同行业的上市公司）的非线性关联。首先按照 5.4.1 节的分类方法将所有上市公司分为 14 个行业，因此有 14 组数据；其次在每组数据集中，将 2015 至 2017 年前 27 个月的数据划分为训练集，后 9 个月的数据划分为测试集进行实验；最后比较 N−LSTM 模型在每个行业中捕捉新闻与相关行业证券波动关联的能力差异。

图 6.6 展示了 N−LSTM 模型根据不同行业的新闻来判断行业中上市公司证券未来趋势的表现情况。总的来说，当把上市公司按照行业分开，再根据行业中所有新闻对行业进行趋势预测，一定程度上提升了模型的效果。具体而言，将所有上市公司视为一个整体进行实验时，AUC 为 56.85%；当按照行业分开之后，除了交通运输、仓储和邮政业，金融业以及水利、环境和公共设施管理业的模型效果有所下降，没有达到 56.85%，其他行业都有不同程度的上升，特别是在采矿业以及信息传输、软件和信息技术服务业 2 个行业中，模型的准确率达到了 58% 以上。出现上述结果的可能原因在于，由第 5 章结论可知，金融业上市公司受到新闻冲击后表现出的波动最小，采矿业上市公司受到新闻冲击后的波动最大，每个行业抵御新闻冲击的能力不同，导致 N−LSTM 模型在每个行业中发现规律和模式的能力不同，更容易捕捉到受冲击大的行业中的新闻与证券市场的关系。

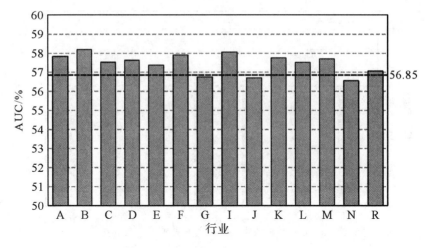

图 6.6　基于 N-LSTM 模型的不同行业实验结果对比①

6.4.5　N-LSTM 模型在不同高管媒体行为中的表现：基于管理者视角

本节研究从管理者层面展开，基于上市公司不同的高管媒体行为，挖掘互联网财经新闻与证券市场表现的非线性关联。首先，按照行业将所有上市公司数据集分为 14 组；其次在每组数据中，按照上市公司的高管曝光率（EXPOSURE）高低再分为两组；再次在每组数据中，选择前 70% 的数据作为训练集，后 30% 的数据作为测试集进行实验；最后比较每个行业中，N-LSTM 模型在高和低高管曝光率中的预测能力。

图 6.7 展示了 N-LSTM 模型在各行业中基于不同的公司高管媒体行为的预测表现情况。总的来看，N-LSTM 模型在公司高管低曝光的情况下能够更好地捕捉证券市场的媒体效应，与第 5 章中的公司高管高曝光率会削弱新闻与证券市场关系的结论是相似的；高管高曝光率公司中新闻与市场的关系更弱，使得 N-LSTM 模型的效果下降，这种现象在信息传输、软件和信息技术服务业，房地产业以及科学研究和技术服务业三个行业中表现尤其明显。再看 AUC 较高的几个行业，排名前五的分别是采矿业，批发和零售业，信息传输、软件和信息技术服务业，房地产业，科学研究和技术

---

① 图中字母分别代表：A 农、林、牧、渔业；B 采矿业；C 制造业；D 电力、热力、燃气及水的生产和供应业；E 建筑业；F 批发和零售业；G 交通运输、仓储和邮政业；I 信息传输、软件和信息技术服务业；J 金融业；K 房地产业；L 租赁和商务服务业；M 科学研究和技术服务业；N 水利、环境和公共设施管理业；R 文化、体育和娱乐业。

服务业，并且都是对低高管曝光率的预测效果更好，都达到了58%以上，为后文的投资策略提供了支持。

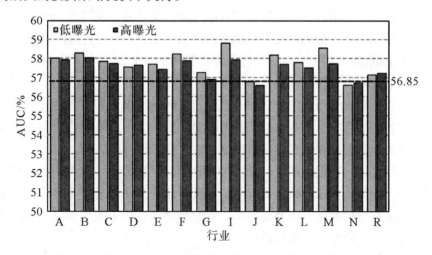

图 6.7　基于 N-LSTM 模型的不同公司高管媒体行为实验结果对比

6.4.6　基于 N-LSTM 模型的投资策略

在前几章研究的基础上，本章基于深度学习模型提出了 N-LSTM 深度神经网络模型，成功解决了互联网财经新闻数据的离散时序特性导致的连续时序证券市场数据的记忆消失问题，能够具体地量化分析出互联网财经新闻对证券市场影响的深度和广度。为了验证 N-LSTM 模型的实际应用能力，本节将设计投资策略，并与经典交易策略相比较，以衡量 N-LSTM 模型在真实市场环境中的风险分析能力和风险应对能力。具体如下：

（1）基于 N-LSTM 模型的策略描述

根据我国证券市场相关规则和 N-LSTM 模型的设定，模拟投资策略如下：

·交易时间：研究期间内最后 3 个月，即 2017 年 10 月 1 日至 12 月 31 日，其间共 60 个交易日。

·初始资金：100 000 元人民币。

·买入操作：考虑到我国"T+1"交易机制，不考虑交易成本，因为 N-LSTM 模型的预测结果为第 2 日的涨跌，出于简化策略的考虑，设定当预测第 2 日收盘价高于第 1 日收盘价时，且账户有足够资金时，在第 2 日的开盘触发买入操作。

·卖出操作：类似于买入操作，当预测第 2 日收盘价低于第 1 日收盘价时，在第 2 日的开盘触发卖出操作。

此外，本书结合 N-LSTM 模型在施动者、受动者、管理者三个层面中的表现情况，将"分而治之"的思想融入投资组合的设计，具体如下：

·主题组：利用所有股票的证券市场数据，以及政策类、持股变动类、违规处罚类三类新闻数据训练得到的模型，来选择股票。

·行业组：利用农、林、牧、渔业，采矿业，批发和零售业，信息传输、软件和信息技术服务业以及房地产业 5 个行业中所有上市公司的证券市场数据和新闻数据训练得到的模型，来选择股票。

·综合组：利用采矿业，批发和零售业，信息传输、软件和信息技术服务业，房地产业以及科学研究和技术服务业中公司高管低曝光率的上市公司的证券市场数据，以及政策类、持股变动类、违规处罚类三类新闻数据训练得到的模型，来选择股票。

·整体组：利用所有上市公司的所有证券市场数据和所有新闻数据训练得到的模型，来选择股票。

（2）投资策略比较分析

本书与 AZFinText（Schumaker et al.，2009b）和 eMAQT（Li et al.，2014a）两个经典的基于媒体信息分析的交易策略进行比较，图 6.8 展示了实验周期内投资收益的结果。其间，上证指数从 3 348.94 点下降到 3 307.17点，下跌了 1.25%。

通过实验结果，总的来看，基于 N-LSTM 模型的四个组合的收益率都明显高于 AZFinText 和 eMAQT，并且基于 N-LSTM 模型的综合组以66.30%的收益率取得了最好的收益。再看基于 N-LSTM 模型的四组组合，整体组的收益率最低，为 49.96%；主题组略高于综合组，取得了 51.70%的收益率；然后是行业组 60.00%的收益率；最高的是综合组 66.30%。可见将新闻按主题、公司行业、公司管理者行为进行分类之后，模型能够取得更好的收益率，完全不分类情况下收益率最低。可见，"分而治之"思想取得了成功，为投资者提供了投资策略的新思路，为市场参与者提供了非常具有价值的投资决策参考意见。

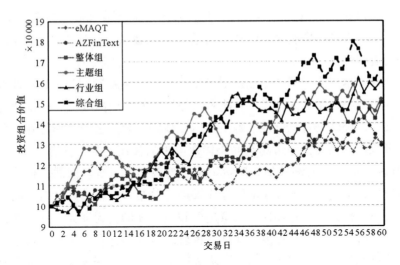

图 6.8　投资策略收益比较

6.5　本章小结

　　本章从系统论出发，利用深度学习机制，提出了一个智能计算框架，用整体、连续，而非单一的数据关系，研究复杂市场因素对证券市场新闻媒体效应的综合影响，希望通过这一系列研究为金融学领域的经典命题寻找一个新的智能计算的解决方案，为金融学经典问题的研究提供一个新的视角和技术手段。

　　具体而言，本章首先在对现有的证券市场媒体效应领域中的机器学习模型（SVM、ANN、DNN、LSTM）系统性地梳理的基础上，发现各模型的特点和问题，选择适用于本书的基础分析模型 LSTM。其次，针对经典LSTM 模型处理离散时序数据时面临的记忆消失问题，提出设置记忆控制驱动机制的 N-LSTM 模型，实现了有效的判断新闻出现与否对证券市场的影响情况分析功能；并且，增强不定时间间隔的新闻数据的反馈能力，实现了对长时间间隔时序数据的长期记忆和不同时序特性的数据融合。再次，发掘 N-LSTM 模型在各主题新闻、各行业公司、各高管媒体行为条件下的表现优劣，为"分而治之"量化交易策略提供支持。最后，在真实的投资环境中，比较了 N-LSTM 模型与其他基于媒体感知的智能化系统，发现 N–LSTM 模型具有优秀的表现，并且采用了拟合效果最好的新闻主题、行业、曝光率的投资组合能够让模型达到最佳效果，验证了"分而治之"思想的有效性。

至此，本书完成了"互联网财经新闻获取、主题判别与量化—证券市场媒体效应的多维深入探索—智能风险分析模型的精准捕捉"全部研究逻辑主线，已经清晰且充分地了解了异质性新闻内容、公司所属行业、公司管理者媒体行为在证券市场新闻媒体效应中的作用，并且拥有了基于 N–LSTM 模型的股价波动评估、风险识别、趋势捕捉系统。因此，在接下来的章节中，本书将对前文全部研究成果进行总结和分析，并针对市场不同参与主体，提出具有建设性的政策建议和决策辅助，为证券市场的繁荣与稳定做出有益的尝试与探索。此外，将反思研究中存在的不足，对未来研究的热点和趋势进行展望，为下一步关于证券市场新闻媒体效应的研究制订计划和方向。

7 研究总结、政策建议、不足与未来展望

本章对全文的研究工作进行了总结，为不同的市场参与者提供了政策建议与决策参考依据。并且，对研究中存在的不足进行了分析和反思，对证券市场媒体效应领域未来可能的研究热点与研究方向进行了展望。

7.1 研究总结

随着互联网媒体信息量与传播速度的日渐剧增，互联网财经新闻逐渐成为投资者获取信息的重要渠道，同时也成为影响证券市场稳定的一个崭新"风险源"。现有的研究初步揭开了传统媒体新闻与证券市场波动风险关系的面纱，但是在大数据时代下，相比于互联网信息几何级增长和传播方式的多样性，基于传统媒体新闻或少量的互联网媒体新闻的研究也已无法满足对证券市场综合影响的准确把握。此外，这些研究通常是将新闻视为一个整体，验证其对证券市场整体的影响，缺乏了对证券市场媒体效应更深层次、更细致的探索。

本书致力于从大数据视角研究证券市场的新闻媒体效应。为了获得充足的互联网新闻数据，本书首先利用研发的定向分布式网络抓取器，获取了 2015 至 2017 年的中国 36 个主流财经网站的 110 余万条新闻信息；其次，研究先进的自然语言处理技术，实现新闻主题的分类与新闻情感的量化，从而可以系统全面地从三个视角（施动者、受动者和管理者），通过传统金融计量模型探索证券市场的新闻效应。由于传统的金融计量方法难以捕捉现实证券市场复杂动态过程的缺陷，本书进一步提出了一个深度学习框架，用整体、连续，而非单一的数据关系，研究复杂市场因素对证券

市场新闻媒体效应的综合影响。在上述实证研究的基础上，为证券市场监管者、上市公司管理者和投资者提出政策建议、治理方案和决策理论依据。本书的具体成果包括以下三个方面：

7.1.1 互联网财经新闻的自动获取、主题分类与情感量化

互联网财经新闻具有信息量巨大、更新频率高、传播范围广、速度快等特点，对于海量互联网财经新闻数据的获取与处理，依靠人工的方法显然无法胜任。本书首先设计出定向分布式网络抓爬引擎，实现了对最受投资者欢迎的中国 36 个主流财经网站数据的自动追踪与获取，并经过文本清洗、去重、溯源等处理，成功构建了互联网财经新闻库；其次，利用 Word2vec 新闻特征提取方法和卷积神经网络模型，高效且准确地将互联网财经新闻按照不同的主题内容，分为公司高管类、政策类、运营与业绩类、持股变动类、重组并购类、ESG 类、违规处罚类 7 类；最后，采用金融学的经典情感分析方法实现新闻内容的情感量化，将新闻的文本内容转化成为机器能够理解的结构化数据。

研究结果表明：①新闻的自动获取方面，2015 至 2017 年中国 36 个主流财经网站共发布 114.8 万条上市公司新闻，并呈现逐年递增趋势，其中，新浪财经、同花顺财经和中金在线发布的新闻数量排名前三，占全部新闻的 31%；平均来看，每家上市公司有 449 条新闻，沪深两市每日有 1 048 条新闻。②在新闻的主题分类方面，基于 Word2vec 的文档表示方法和 CNN 模型的分类器取得了可靠的分类效果，分类的准确率达到了 89%；其中，运营与业绩类、持股变动类、ESG 类、公司高管类、重组并购类、违规处罚类、政策类新闻分别占 29%、16%、15%、12%、10%、10%、8%。③在新闻量化方面，我国媒体更倾向于报道正面消息以及采取积极乐观的态度。平均来说，政策类新闻中的正面情感词占比最高，违规处罚类新闻中的负面情感词占比最高；并且中立新闻仅占所有新闻的 15% 左右，可见多数媒体都带有感情色彩，难以保持中立的态度。

7.1.2 互联网财经新闻与证券市场关联性的深入细致探索

以往的研究通常是将新闻视为一个整体，验证其对证券市场整体的影响，缺乏对证券市场媒体效应更深层次、更细致的探索。本书从施动者、受动者、管理者三个角度，深化和拓展了互联网媒体新闻报道对相关上市

公司证券风险波动的影响研究。

研究结果表明：①在施动者层面，不论是新闻的发布还是新闻情绪因素，各主题的新闻都对证券市场收益率产生了显著的影响，但影响力存在明显的差异，从新闻影响的持续时间、单日最大冲击幅度、持续影响程度、情绪因素等多个方面综合来看，政策类新闻对市场的影响最为明显，其次是违规处罚类新闻，而公司高管类新闻对市场的影响最小。②在受动者层面，同样不论是新闻的发布还是情绪因素，新闻对各行业上市公司股票都有着显著的影响。不同行业的上市公司表现出的抗冲击能力不同，从新闻影响的持续时间、单日最大冲击幅度、持续影响程度、情绪因素等多方面综合来看，金融业的上市公司受到新闻冲击后表现出的波动最小，也就是抗风险能力最强，采矿业的上市公司受到新闻冲击后的波动最大，抗风险能力最弱。③在管理者层面，对于新闻与证券市场之间的关系，受到投资者有限注意力的影响，半数行业的公司高管高曝光行为产生了负向的调节效应，即降低了新闻与市场的相关性，也就是说高管的高曝光率削弱了公司股票的媒体效应。这些行业的共同点是公司高管类新闻占比高，可以理解为只有公司高管新闻过于多时，才会引起有限注意力效应。

7.1.3 基于深度学习的证券市场新闻媒体效应的精准捕捉

现实的经济系统是一个复杂的动态系统，其波动一定是各种因素交叉融合、相互作用的合力结果，传统的金融计量方法难以捕捉这一过程的全貌。本书提出一个深度学习框架，用整体、连续，而非单一的数据关系，研究复杂市场因素对证券市场新闻媒体效应的综合影响。此外，目前计算机领域关于智能量化交易模型的研究通常脱离了金融学背景，试图构建出能够广泛适用于整个证券市场的通用交易算法框架。因此，本书打破单一学科的局限性，以金融学和计算机科学交叉学科的视角，提出基于"分而治之"思想的智能模型，弥补传统智能模型大而泛、应对特殊情况处理能力不足、预测准确率不高的缺陷。首先，为了解决离散时序性的财经新闻数据导致 LSTM 模型对连续时序性的市场交易数据的记忆消失问题，本书在对 LSTM 模型细胞改造的基础上，创新性地提出基于新闻驱动的 N-LSTM 模型；其次，分别考察了 N-LSTM 模型对不同主题新闻的捕捉能力，N-LSTM 模型在不同行业中的表现，以及在不同高管媒体行为中的表现；最后，利用发现的规律制定"分而治之"的量化交易策略，比较了多个投资组合策略在实际应用中的效果。

研究结果表明：①N-LSTM 模型成功解决了新闻信息不定时间间隔导致的时序数据减弱过快的问题，实现了以新闻作为驱动力加强信息的传递，完成更多有价值信息的捕捉；②N-LSTM 模型对证券市场媒体新闻效应的捕捉能力方面，将新闻整体或者证券市场整体按照规则细分之后，N-LSTM 模型能够捕捉到更多有价值的信息，例如将所有新闻按照主题分类、将上市公司按照行业分类、将公司高管媒体行为按照曝光率分类，在一定程度上都提升了模型的效果；③N-LSTM 模型的实际应用方面，分别从不同的角度，设定了整体组、主题组、行业组和综合组四组投资组合，最终发现综合组，也就是模型拟合效果最好的新闻主题、行业、曝光率组合，能够在市场环境中表现出最佳的效果，验证了"分而治之"思想的有效性。

7.2 政策建议

财经新闻作为证券市场这个"博弈场"中的诱饵，是导致投资者产生情绪化投资行为的风险源，是引起证券市场波动的浪花，在羊群效应的推波助澜下，很可能成为冲破金融稳定防线的力量。特别是随着网络技术的迅速发展，互联网财经新闻体现出发布量大、传播速度快、受众面广和影响力度强等特点，逐渐成为市场监管机构、上市公司和投资者不得不面对的影响证券市场稳定的风险源。本节将在前文研究的延伸解读和深度分析的基础上，结合市场现状和环境因素，为市场参与各方（证券市场监管者、上市公司管理者和投资者）提出政策建议、治理方案和决策理论依据，为完善和优化市场行为做出贡献。

7.2.1 对于证券市场监管者的政策建议

本书所指的市场监管者是一个相对广义的概念，主要包括中国人民银行、证监会、证券交易所等部门。监管者通常采用法律的、经济的或者是其他必要的行政手段，来维持证券市场的健康稳定发展。本节将从媒体手段的视角，结合本书关于证券市场媒体效应的研究成果，为证券市场监管者提供参考建议，主要包括以下三个方面：

（1）充分肯定媒体在证券市场中的积极作用

本书从新闻的发布和新闻的情绪因素两个方面充分证实了互联网财经新闻对证券市场的显著影响力。因此，监管机构应该在对此有清晰认识的前提下，做到充分肯定多数媒体在证券市场中能够起到传播真实信息、降低交易成本的作用。在此基础上，要积极激励媒体踊跃服务于证券市场的健康稳定发展，并引导和鼓励他们主动承担相应的社会责任。监管机构要把支持、配合新闻宣传和舆论监督作为延长监管手臂、构建综合监管体系的一个重要举措。可以通过与互联网媒体合作举办专题讲座、开展专题调研等形式，加深对互联网媒体规律的认识。在处理监管与媒体的关系上，证券市场监管机构要做好舆论监督的支持者、新闻宣传的引导者，要建立完善的新闻宣传制度，来积极支持新闻媒体对证券市场各参与主体进行舆论监督，充分发挥新闻媒体的舆论监督作用。

（2）加强监管以杜绝内幕交易

本书发现，很大一部分类别的新闻都存在提前泄露的情况，例如，在政策类和重组并购类新闻发布的前14天，证券市场中就出现了显著的异常收益率，说明存在违规交易行为扰乱市场秩序，某些不法投资者利用非公开渠道提前得知的消息获得了超额利益；同时发现，不知情投资者因为信息不对称，在消息公开之后数日才完成投资决策，这时市场已经处于回调阶段，消息的提前泄露使得这部分投资者的利益严重受损。对于这种现象，监管部门应该加强监管力度，追溯可能存在事件泄露的各个关键节点，例如上市公司、中介机构、政府机构，并监督他们严格保密。证券市场监管者必须从各方面加强监管来杜绝内幕交易行为，维持证券市场上的公平交易。特别是当上市公司处于政策扶持、重组并购或违规受罚等重要阶段时，要切实保护好投资者的利益，并引导投资者以更加健康的投资心态面对。

（3）加强与新闻监管机构的长期合作

本书从互联网财经新闻不同情绪视角，证实了新闻中蕴藏着的不同情感性倾向对证券市场波动的影响。换言之，新闻报道中过激的用词倾向、观点引导、情绪表达都有可能成为证券市场的风险源。对于新闻内容的真实性、专业性、客观性等方面的监管，仅仅依靠证券市场监管机构是远远不够的，还需要新闻监管机构的大力支持，因此本书提出与新闻监管机构建立长期合作关系的建议。互联网媒体存在寻租的动机和空间，可以人为引起信息匹配的错误或者不完全，严重时会导致市场失灵；同时，非理性媒体的存在可能会加速非真实信息传播的速度，令金融市场波动加剧，最终导致资源分配的效率低下和社会福利损失。证券市场监管者应通过与新闻监管机构的合作，促使媒体成为真相揭露型媒体，并充分发挥舆论引导型媒体的作用，采用舆论引导实现社会总福利最大。此外，财经类新闻媒体及工作人员应提高专业性和职业素养，不仅要具有较高的财经领域专业理解能力，而且应该客观、公正、全面地对财经类信息进行阐述和报道，杜绝偏私和造传谣言。

7.2.2 对于上市公司管理者的治理建议

上市公司作为受互联网财经新闻直接影响的主体，在对媒体信息应对方面通常存在明显的滞后性和被动性，容易因为处理不当导致公司股价异常波动和公司名誉受损。本书从多个角度，深入细致地完成了互联网财经新闻对股票表现的影响性探索，将为公司的治理提出更具有针对性的建议，主要包括以下三个方面：

（1）积极把握媒体动态和行业形势

本书成功发掘了媒体报道中不同主题的新闻对证券市场影响的显著差异，以及所处不同行业的上市公司面临的新闻冲击力的显著差异。对于上市公司来说，应该意识到互联网财经新闻的影响力和重要性，特别是政策类新闻和违规处罚类新闻的出现，利好政策新闻对股价的提升能够使其明显偏离公司内在价值，而且具备提前性和持久性，需要防控公司股价虚高的风险；违规处罚类新闻对公司股价的影响是打击性和爆炸性的。因此，公司在生产活动中，对于公司各项相关新闻动态的关注是至关重要的，及时采取合理手段能够避免媒体和投资者过度解读带来的风险。此外，处于采矿业、批发零售业等高新闻敏感性行业的公司，需要充分了解行业所面临的困难和风险，加强对公司相关新闻报道的真实性和客观性的监督。

（2）公司高管灵活借助媒体的力量

公司高管，不仅是公司的大脑，也是公司与外界沟通的桥梁。本书发现，现有的多数高管曝光对于投资者决策辅助或者公司形象提升都是无效的，投资者对高管新闻的关注更多聚焦于其个人，或者媒体更倾向于报道更吸引眼球的高管个人新闻，使得高管新闻的出现反而扰乱了公众的视线，剥夺了投资者的有限注意力。因此，高管应该灵活运用自己上市公司代表的身份，借助媒体的力量来维护公司在公众心目中的良好形象，例如亲自澄清谣言、亲自致歉、积极消除信息不对称等。甚至还可以凭借个人魅力，或许能取得意料之外的效果，例如小米公司董事长雷军为自家手机代言，发售当日5分钟内便售罄，公司股价也随之创下历史新高。高管合理运用自身身份和灵活借助媒体的力量能够辅助上市公司逐步提升在媒体中的影响力和在投资者中的信服度，利用媒介塑造上市公司软实力的外在表现，促进上市公司优质信息的发布和传播。

（3）建立公司信息不定期披露机制和披露内容机制

本书发现不少新闻在发布前，公司股票已经产生了异常波动，也就是说信息在公开前就反映到了证券市场中。产生这种现象的原因一部分在于，上市公司缺乏长期、系统的披露机制，证监会强制公司定期披露的年度报告、中期报告和季度报告显然不能满足投资者与日俱增的需求，更多投资者会选择相信小道消息，在得到公开消息前就完成了投资决策。因此，需要建立定期与不定期相结合的信息披露制度，促进对投资者做出投资决策有较大影响的信息及时、准确披露。另一部分原因在于，公司信息披露主要集中在财务状况、经营成果、现金流等方面，少有对前期新闻报道分析的披露，例如披露前期新闻广泛报道的具体原因的分析，披露新闻报道给公司带来的重要影响的分析。对于此项内容的披露可以帮助投资者更加了解新闻在公司股票中的作用机理，达到更好的减少市场中信息不对称的效果。

7.2.3 对于证券投资者的决策建议

由于我国证券市场还未达到强势有效的状态，很多方面的建设尚有缺陷，投资者往往会因为市场信息不对称造成利益受损，这一点在个人投资者群体中表现异常明显。因此，本节结合本书的研究成果，为个人投资者提出决策建议，帮助他们提升风险防范意识，减少非理性投资行为。

（1）冷静应对海量互联网财经新闻

本书发现，投资者每天都要面对千余条的互联网财经新闻，而且不论是利好消息还是利空消息，对证券市场的影响都是显著的。说明投资者在面对铺天盖地的互联网财经新闻信息时，难免会受到大量无关信息的干扰，有些看似作用不大的消息，也有可能对投资决策产生影响。因此，本书建议投资者要冷静应对海量互联网财经新闻，尤其不能被信息表面的语言迷惑，要深入了解其真正的内涵，通过自己的分析判断做出适合自己的投资决策。可是，在快节奏生活的今天，投资者势必减少分析思考的时间，难免在较短时间内对新闻做出过快的反应，没有冷静地综合分析各种情况。因此，本书将从下文的新闻主题和公司性质两个方面帮助投资者提升决策效率。

（2）有效甄别和理性看待不同主题的新闻

证券市场中充斥着各种主题的新闻，虽然这些不同主题的新闻在一定程度上可以减少市场信息不对称，但是研究发现不同主题的新闻对证券市场的作用机制是完全不同的，投资者不能将它们一概而论，需要掌握客观判断和甄别的能力，认清每种新闻的特点，理性分析影响力。例如，本书显示政策类新闻影响持续时间最长，且引起的市场异常收益率最为明显，可能直接改变一个行业的未来预期，因此投资者需要多注重此类新闻的产生和其内涵；公司高管类新闻影响持续的时间较短，而且影响力也比较小，这类新闻多与公司高管个人的消息相关，因此投资者应该减少对这些与上市公司内在价值不大的新闻的注意力，将有限的注意力转移至更有价值的报道。

（3）选择熟悉的上市公司进行投资

本书发现，不同行业的上市公司抵御新闻冲击的能力是不同的，例如金融业受到新闻冲击后的影响最小，采矿业的影响最大。因此建议投资者选择熟悉的行业或者是上市公司，根据它们的特征信息来判断新闻的影响力。一般来说，信息掌握越少的投资者越容易受外部环境的干扰，更容易做出非理性的投资决策。因此，投资者更应该选择自己熟悉的行业或者是公司，挖掘它们受新闻影响的机制，而不是仅仅根据一则消息或者是某人的一句话就做出投资策略，要具备更强的自主决策的原则性，这样才能慢慢向理性投资者靠近，避免"羊群效应"对证券市场的冲击和影响。

7.3 不足与改进

本书对证券市场新闻媒体效应进行了深入且细致的探索，具备一定的创新性和原始性，但是由于笔者学术能力和技术手段有限，本书在某些方面依然存在一定的不足之处，本节将对本书存在的主要不足和改进方式进行梳理和总结，具体如下：

（1）关于数据源类型不够全面的不足与改进

本书虽然获取了中国36个主流财经网站的新闻数据，但是数据源类型均为财经新闻网站。事实上，影响证券市场波动的互联网媒体信息不只有新闻信息，还包括财经论坛信息、社交媒体信息、数字化互动媒体信息等。不同的信息类型本身具有不同的特点，对投资者情绪解析具有不同的效果（Li et al.，2016），并对分析证券市场波动机理具有一定的价值和参考意义，仅用互联网财经新闻显得不够全面。因此，在后续的研究中，可以针对不同类型的互联网媒体，例如股吧、微博、微信、投资者互动平台等，展开进一步分析，寻找不同媒体形态下的投资者行为和情绪因素，增强对证券市场风险波动的解释能力。

（2）关于证券市场新闻媒体效应分析层面的不足与改进

本书从施动者、受动者、管理者三个层面深化和拓展了互联网媒体新闻报道对相关上市公司证券风险波动的影响研究。事实上，本书只是在这三个层面上进行了初步探索，还可以在每个层面中完成更深入的研究，或者拓展到更广泛的层面。因此，在后续的研究中，一方面，可以从每个层面展开更深入的研究，例如在受动者层面，可以将上市公司按照市值大小、营收多少、员工人数多少进行分类，然后深入研究证券市场的媒体新闻效应；另一方面，可以拓展到更广泛的层面，例如市场层面，可以考虑采用牛、熊、猴三市的划分，分别考察不同行情下证券市场的新闻媒体效应。

（3）关于证券市场联动效应与叠加效应的不足与改进

本书主要关注媒体对上市公司一对一的影响，换言之，本书将所有互联网财经新闻归为每家上市公司的特定新闻，在此基础上，研究了公司特定新闻对公司股价的影响。事实上，这种影响并不是一对一的，例如，工商银行的新闻也有可能影响到同行业的建设银行的股价，这时，媒体对上市公司的影响是一对多的，显然还有多对一和多对多的情况。因此，在后续的研究中，可以利用上市公司在互联网媒体中的行为特征，如投资者对企业的共同关注度、企业在媒体中的共同曝光度、企业微博的相互关注等，构建一个虚拟的企业媒体关系网络，通过对该网络的拓扑特征分析，开创性地研究证券市场媒体波动的联动效应、叠加效应等。

7.4 未来展望

基于互联网媒体效应的证券市场量化研究已经成为学术界和业界研究的热点，在本书的研究基础上，以下问题值得进一步研究：

（1）证券市场三种异构影响因素融合研究

近代金融学将纷乱复杂的影响证券市场风险波动的因素大致归为了三类，宏微观经济指标（Fama et al.，1993；Grossman et al.，1981；Sharpe，1964）、媒体信息（Bollen et al.，2011；Calomiris et al.，2019；Tetlock，2007）和企业关联（Anton et al.，2014；Cohen et al.，2008；Parsons et al.，2020）。事实上，这三类信息的表征方式是不同的，经济指标用标量来表示，媒体新闻用向量来表示，企业关联用图结构表示。证券市场的波动由这三种异构的信息源交叉融合、相互作用的合力驱动，如何将异构的三大类市场影响因素融合在一起，探讨它们对证券市场波动的合力作用，是该研究领域未来的发展方向之一。

（2）动态图神经网络分析企业关联状态研究

上文提到的企业关联状态可以通过图结构来表征为企业之间的一个关联网络，近代计算机科学领域中的图神经网络（GNN）技术提供了一个可以探索的方案，GNN在计算机视觉与自然语言处理领域捕捉数据关联性中取得了一系列成功，但是主要是集中在静态关系（Krizhevsky et al.，2012；Scarselli et al.，2009）或者单一复杂的动态关系中，如人体姿态关联、交通流量等（Manessi et al.，2020）。然而，上市公司之间的关系是多种多样的，并且是一个时序动态隐含关联关系，现有的成功的GNN显然无法应对，因此，构建一种动态的GNN来捕捉企业之间随时间变化的动态关系，是未来值得研究的方向。

（3）解释和可视化市场因素对证券市场的影响研究

事实上，基于机器学习的计算智能模型的"融合"思维只是在研究形式上的改变，其最终目的与金融研究"解构"思维目标一致，即探寻影响证券市场波动的内外市场信号因素以及挖掘和理解证券市场的运动机理。但是目前计算机学者的研究主要集中在预测结果的精准性，忽略了对形成原因的解释，这极大地阻碍了证券市场波动研究的落地实施与应用。因此，如何解释并可视化地呈现多源异构市场因素对证券市场的影响，促使研究成果走向应用，是证券市场波动研究领域的核心关键点之一。

参考文献

蔡志刚, 赖明明, 2016. 中国股市投资者情绪指数构建与有效性检验 [J]. 金融发展研究 (7): 7.

陈玉, 李述山, 2019. 微博情感对股票市场影响的计量分析 [J]. 山东理工大学学报 (社会科学版), 35 (5): 12-15.

董文, 2015. 基于 LDA 和 Word2Vec 的推荐算法研究 [D]. 北京: 北京邮电大学.

段江娇, 刘红忠, 曾剑平, 2017. 中国股票网络论坛的信息含量分析 [J]. 金融研究 (10): 178-192.

古万荣, 董守斌, 曾之肇, 等, 2016. 基于微博用户模型的个性化新闻推荐 [J]. 中文信息学报, 30 (1): 93-101.

何欣, 2012. 中国股市媒体效应研究: 官方新闻、市场谣言与有限注意力 [D]. 成都: 西南财经大学.

黄创霞, 温石刚, 杨鑫, 等, 2020. 个体投资者情绪与股票价格行为的互动关系研究 [J]. 中国管理科学, 28 (3): 191-200.

黄辉, 2013. 媒体负面报道, 市场反应与企业绩效 [J]. 中国软科学 (8): 104-116.

黄建欢, 尹筑嘉, 粟瑞, 2009. 中国股市限售股解禁的减持效应研究 [J]. 管理科学, 22 (4): 97-106.

黄仁, 张卫, 2016. 基于 word2vec 的互联网商品评论情感倾向研究 [J]. 计算机科学, 43 (Z6): 387-389.

李培功, 沈艺峰, 2010. 媒体的公司治理作用: 中国的经验证据 [J]. 经济研究, 45 (4): 14.

林培光, 周佳倩, 温玉莲, 2020. SCONV: 一种基于情感分析的金融市场趋势预测方法 [J]. 计算机研究与发展, 57 (8): 1769.

刘高军, 王小宾, 2020. 基于 CNN+LSTM Attention 的营销新闻文本分

类 [J]. 计算机技术与发展, 30 (11)：59-63.

刘海飞，许金涛，2017. 互联网异质性财经新闻对股市的影响：来自中国互联网数据与上市公司的证据 [J]. 产业经济研究 (1)：76-88.

石勇，唐静，郭琨，2017. 社交媒体投资者关注，投资者情绪对中国股票市场的影响 [J]. 海洋之神学报 (7)：45-53.

史代敏，2002. 股票市场波动的政策影响效应 [J]. 管理世界 (8)：11-15.

唐晓波，叶晨孟，2017. 一种融合新闻热度和读者态度的情感分析方法 [J]. 图书馆学研究 (10)：81-90.

陶萍，刘先伟，2015. 国外突发事件对国内股票市场的影响研究 [J]. 预测 (2)：66-70.

王博，2014. 投资者情绪与股票市场定价效率实证研究 [J]. 贵州财经大学学报, 32 (4)：39.

王超，李楠，李欣丽，等，2009. 倾向性分析用于金融市场波动率的研究 [J]. 中文信息学报, 23 (1)：95.

王化成，曹丰，叶康涛，2015. 监督还是掏空：大股东持股比例与股价崩盘风险 [J]. 管理世界 (2)：45-57.

王美今，孙建军，2004. 中国股市收益，收益波动与投资者情绪 [J]. 经济研究 (10)：75-83.

王守选，叶柏龙，李伟健，等，2012. 决策树、朴素贝叶斯和朴素贝叶斯树的比较 [J]. 计算机系统应用, 21 (12)：221-224.

吴振翔，陈敏，2007. 中国股票市场弱有效性的统计套利检验 [J]. 系统工程理论与实践, 27 (2)：92-98.

夏从零，钱涛，姬东鸿，2017. 基于事件卷积特征的新闻文本分类 [J]. 计算机应用研究, 34 (4)：991-994.

易志高，茅宁，2009. 中国股市投资者情绪测量研究：CICSI 的构建 [J]. 金融研究 (11)：174-184.

游家兴，吴静，2012. 沉默的螺旋：媒体情绪与资产误定价 [J]. 经济研究：7.

张兵，李晓明，2003. 中国股票市场的渐进有效性研究 [J]. 经济研究 (1)：54-61.

张丹，廖士光，2009. 中国证券市场投资者情绪研究 [J]. 证券市场报道，2009（10）：61-68.

张磊，2017. 公开信息披露，媒体报道基调与股票价格行为：基于权益变动类信息的新闻报道视角 [J]. 会计之友（4）：96-99.

张书煜，王瑶，范婷婷，等，2015. 基于社交媒体的投资者情绪对股市收益影响的大数据分析 [J]. 中国市场（25）：65-68.

张信东，原东良，2017. 基于微博的投资者情绪对股票市场影响研究 [J]. 情报杂志，36（8），81-87.

张雅慧，万迪昉，付雷鸣，2012. 基于投资者关注的媒体报道影响投资行为的实验研究 [J]. 系统工程，30（10）：9.

周朴雄，2008. 基于神经网络集成的 WEB 文档分类研究 [J]. 图书情报工作，52（7），110-110.

周远阳，2012. 基于朴素贝叶斯方法的新闻分类系统的实现 [D]. 广州：暨南大学.

AHERN K R, 2009. Sample selection and event study estimation [J]. Journal of Empirical Finance, 16 (3), 466-482.

AHERN K R, SOSYURA D, 2014. Who writes the news? Corporate press releases during merger negotiations [J]. The Journal of Finance, 69 (1), 241-291.

AKITA R, YOSHIHARA A, MATSUBARA T, et al., 2016. Deep learning for stock prediction using numerical and textual information [C]. Paper presented at the 2016 IEEE/ACIS 15th International Conference on Computer and Information Science (ICIS).

ALKHATIB K, NAJADAT H, HMEIDI I, et al., 2013. Stock price prediction using k-nearest neighbor (kNN) algorithm [J]. International Journal of Business, Humanities and Technology, 3 (3), 32-44.

ANDERSEN T G, BOLLERSLEV T, DIEBOLD F X, 2007. Roughing it up: Including jump components in the measurement, modeling, and forecasting of return volatility [J]. The Review of Economics and Statistics, 89 (4), 701-720.

ANTON M, POLK C, 2014. Connected stocks [J]. Journal of Finance, 69 (3): 1099-1127.

APERGIS N, 2015. Policy risks, technological risks and stock returns: New evidence from the US stock market [J]. Economic Modelling, 51: 359-

365.

ASQUITH P, MULLINS W, 1986. Equity issues and offering dilution [J].
Journal of Financial Economics, 15 (1): 61-89.

AZAM N, YAO J, 2012. Comparison of term frequency and document fre-
quency based feature selection metrics in text categorization [J]. Expert Systems
with Applications, 39 (5): 4760-4768.

BABAYAN S A, ORTON R J, STREICKER D G, 2018. Predicting reser-
voir hosts and arthropod vectors from evolutionary signatures in RNA virus ge-
nomes [J]. Science, 362 (6414), 577-580.

BAKER M, WURGLER J, 2006. Investor sentiment and the cross-section
of stock returns [J]. The Journal of Finance, 61 (4): 1645-1680.

BAKER M, WURGLER J, 2007. Investor sentiment in the stock market
[J]. Journal of Economic Perspectives, 21 (2): 129-152.

BALI T G, BODNARUK A, SCHERBINA A, et al., 2018. Unusual news
flow and the cross section of stock returns [J]. Management Science, 64 (9):
4137-4155.

BANZ R W, 1981. The relationship between return and market value of
common stocks [J]. Journal of Financial Economics, 9 (1): 3-18.

BARBER B M, ODEAN T, ZHENG L, 2005. Out of sight, out of mind:
The effects of expenses on mutual fund flows [J]. The Journal of Business, 78
(6): 2095-2120.

BARBERIS N, SHLEIFER A, VISHNY R, 1998. A model of investor
sentiment [J]. Journal of Financial Economics, 49 (3): 307-343.

BARKER III V L, MUELLER G C, 2002. CEO characteristics and firm
R&D spending [J]. Management Science, 48 (6): 782-801.

BEDNAR M K, 2012. Watchdog or lapdog? A behavioral view of the media
as a corporate governance mechanism [J]. Academy of Management Journal,
55 (1): 131-150.

BENGIO Y, 2009. Learning deep architectures for AI [J]. Foundations &
Trends in Machine Learning, 2 (1): 1-127.

BERMAN J, PFLEEGER J, 1997. Which industries are sensitive to busi-
ness cycles [J]. Monthly Lab. Rev (120): 19.

BEYER A, COHEN D A, LYS T Z, et al., 2010. The financial reporting environment: Review of the recent literature [J]. Journal of Accounting and Economics, 50 (2-3): 296-343.

BLACK F, SCHOLES M, 1973. The pricing of options and corporate liabilities [J]. Journal of Political Economy, 81 (3): 637-654.

BOEHMER E, MASUMECI J, POULSEN A B, 1991. Event-study methodology under conditions of event-induced variance [J]. Journal of Financial Economics, 30 (2): 253-272.

BOLLEN J, MAO H, ZENG X, 2011. Twitter mood predicts the stock market [J]. Journal of Computational Science, 2 (1): 1-8.

BOLLERSLEV T, 1986. Generalized autoregressive conditional heteroskedasticity [J]. Journal of Econometrics, 31 (3): 307-327.

BROWN S J, WARNER J B, 1980. Measuring security price performance [J]. Journal of Financial Economics, 8 (3): 205-258.

CALOMIRIS C W, MAMAYSKY H, 2019. How news and its context drive risk and returns around the world [J]. Journal of Financial Economics, 133 (2): 299-336.

CAPELLE-BLANCARD G, PETIT A, 2019. Every little helps? ESG news and stock market reaction [J]. Journal of Business Ethics, 157 (2): 543-565.

CARRETTA A, FARINA V, MARTELLI D, et al., 2011. The impact of corporate governance press news on stock market returns [J]. European Financial Management, 17 (1): 100-119.

CHAN W S, 2003. Stock price reaction to news and no-news: drift and reversal after headlines [J]. Journal of Financial Economics, 70 (2): 223-260.

CHEN N F, ROLL R, ROSS S A, 1986. Economic forces and the stock market [J]. Journal of Business, 59 (3): 383-403.

CHEN Y, XIE Z, ZHANG W, et al., 2020. Quantifying the effect of real estate news on Chinese stock movements [J]. Emerging Markets Finance and Trade: 1-26.

COHEN L, FRAZZINT A, 2008. Economic links and predictable returns

[J]. Journal of Finance, LXIII (4): 1977-2011.

COVER T, HART P, 1967. Nearest neighbor pattern classification [J]. IEEE Transactions on Information Theory, 13 (1): 21-27.

COWAN A R, 1992. Nonparametric event study tests [J]. Review of Quantitative Finance and Accounting, 2 (4): 343-358.

CURME C, PREIS T, STANLEY H E, et al., 2014. Quantifying the semantics of search behavior before stock market moves [J]. Proceedings of the National Academy of Sciences, 111 (32): 11600-11605.

DA Z, ENGELBERG J, GAO P, 2015. The sum of all FEARS investor sentiment and asset prices [J]. The Review of Financial Studies, 28 (1): 1-32.

DAS S R, CHEN M Y, 2007. Yahoo! for Amazon: Sentiment extraction from small talk on the web [J]. Management Science, 53 (9): 1375-1388.

LONG J D, SHLEIFER A, SUMMERS L H, et al., 1990. Noise trader risk in financial markets [J]. Journal of Political Economy, 98 (4): 703-738.

DING X, ZHANG Y, LIU T, et al., 2015. Deep learning for event-driven stock prediction [C]. Paper Presented at the Twenty-fourth International Joint Conference on Artificial Intelligence.

DING X, ZHANG Y, LIU T, et al., 2014. Using structured events to predict stock price movement: An empirical investigation [C]. Paper Presented at the Proceedings of the 2014 Conference on Empirical Methods in Natural Language Processing (EMNLP).

DOUGAL C, ENGELBERG J, GARCIA D, et al., 2012. Journalists and the stock market [J]. The Review of Financial Studies, 25 (3): 639-679.

ENGELBERG J, 2008. Costly information processing: Evidence from earnings announcements [C]. Paper Presented at the AFA 2009 San Francisco Meetings Paper.

ENGELBERG J E, PARSONS C A, 2011. The causal impact of media in financial markets [J]. The Journal of Finance, 66 (1): 67-97.

ENGELBERG J E, REED A V, RINGGENBERG M C, 2012. How are shorts informed?: Short sellers, news, and information processing [J]. Journal of Financial Economics, 105 (2): 260-278.

FAMA E F, 1965. The behavior of stock-market prices [J]. The Journal of Business, 38 (1): 34-105.

FAMA E F, FRENCH K R, 1993. Common risk factors in the returns on stocks and bonds [J]. Journal of Financial Economics, 33 (1): 3-56.

FAMA E F, FRENCH K R, 2015. A five-factor asset pricing model [J]. Journal of Financial Economics, 116 (1): 1-22.

FAMA E F, FRENCH K R, 1995. Size and book-to-market factors in earnings and returns [J]. The Journal of Finance, 50 (1): 131-155.

FANG L, PERESS J, 2009. Media coverage and the cross-section of stock returns [J]. The Journal of Finance, 64 (5): 2023-2052.

FINKELSTEIN S, 1992. Power in top management teams: Dimensions, measurement, and validation [J]. Academy of Management journal, 35 (3): 505-538.

FRENCH K R, SCHWERT G W, STAMBAUGH R F, 1987. Expected stock returns and volatility [J]. Journal of Financial Economics, 19 (1): 3-29.

FURTADO E P, ROZEFF M S, 1987. The wealth effects of company initiated management changes [J]. Journal of Financial Economics, 18 (1): 147-160.

GLAVAŠ G, NANNI F, PONZETTO S P, 2016. Unsupervised text segmentation using semantic relatedness graphs [C]. Joint Conference on Lexical & Computational Semantics.

GOMPERS P, ISHII J, METRICK A, 2003. Corporate governance and equity prices [J]. The Quarterly Journal of Economics, 118 (1): 107-156.

GRAY S J, MEEK G K, ROBERTS C B, 1995. International capital market pressures and voluntary annual report disclosures by US and UK multinationals [J]. Journal of International Financial Management & Accounting, 6 (1): 43-68.

GROSSMAN S J, SHILLER R J, 1981. The determinants of the variability of stock market prices [J]. The American Economic Review, 71 (2): 222-227.

GU S, KELLY B, XIU D, 2020. Empirical asset pricing via machine learning [J]. The Review of Financial Studies, 33 (5): 2223-2273.

GULTEKIN M N, GULTEKIN N B, 1983. Stock market seasonality: International evidence [J]. Journal of Financial Economics, 12 (4): 469-481.

GULTEKIN N B, 1983. Stock market returns and inflation: evidence from other countries [J]. The Journal of Finance, 38 (1): 49-65.

GURUN U G, BUTLER A W, 2012. Don't believe the hype: Local media slant, local advertising, and firm value [J]. The Journal of Finance, 67 (2): 561-598.

HAMBRICK D C, MASON P A, 1984. Upper echelons: The organization as a reflection of its top managers [J]. Academy of Management Review, 9 (2): 193-206.

HAMILTON J T, ZECKHAUSER R, 2004. Media coverage of CEOs: who? what? where? when? why? [J]. Unpublished Working paper, Stanford Institute of International Studies.

HEALY P M, PALEPU K G, 2001. Information asymmetry, corporate disclosure, and the capital markets: A review of the empirical disclosure literature [J]. Journal of Accounting and Economics, 31 (1-3): 405-440.

HINTON G, DENG L, YU D, et al., 2012. Deep neural networks for acoustic modeling in speech recognition: The shared views of four research groups [J]. IEEE Signal Processing Magazine, 29 (6): 82-97.

HIRSHLEIFER D, LIM S S, TEOH S H, 2011. Limited investor attention and stock market misreactions to accounting information [J]. The Review of Asset Pricing Studies, 1 (1): 35-73.

HIRSHLEIFER D, SHUMWAY T, 2003. Good day sunshine: Stock returns and the weather [J]. The Journal of Finance, 58 (3): 1009-1032.

HOCHREITER S, SCHMIDHUBER J, 1997. LSTM can solve hard long time lag problems [J]. Advances in Neural Information Processing Systems: 473-479.

HUANG C, YANG X, YANG X, et al., 2014. An empirical study of the effect of investor sentiment on returns of different industries [J]. Mathematical Problems in Engineering.

HUANG Y, HUANG K, WANG Y, et al., 2016. Exploiting twitter moods to boost financial trend prediction based on deep network models [C]. Paper presented at the International Conference on Intelligent Computing.

HUBERMAN G, 2001. Familiarity breeds investment [J]. The Review of Financial Studies, 14 (3): 659-680.

HUBERMAN G, REGEV T, 2001. Contagious speculation and a cure for cancer: A nonevent that made stock prices soar [J]. The Journal of Finance, 56 (1): 387-396.

JAIN P, SUNDERMAN M A, 2014. Stock price movement around the merger announcements: insider trading or market anticipation? [J]. Managerial Finance, 4 (8): 821-843.

JIANG C, LIANG K, CHEN H, et al., 2014. Analyzing market performance via social media: a case study of a banking industry crisis [J]. Science China Information Sciences, 57 (5): 1-18.

JOACHIMS T, 1998. Text categorization with support vector machines: Learning with many relevant features [C]. Proc. Conference on Machine Learning. Springer, Berlin, Heidelberg.

KAHNEMAN D, TVERSKY A, 1973. On the psychology of prediction [J]. Psychological Review, 80 (4): 237.

KARABULUT Y, 2013. Can facebook predict stock market activity? [C]. Paper Presented at the AFA 2013 San Diego Meetings Paper.

KEOWN A J, PINKERTON J M, 1981. Merger announcements and insider trading activity: An empirical investigation [J]. The Journal of Finance, 36 (4): 855-869.

KING B F, 1966. Market and industry factors in stock price behavior [J]. the Journal of Business, 39 (1): 139-190.

KOTHARI S P, LI X, SHORT J E, 2009. The effect of disclosures by management, analysts, and business press on cost of capital, return volatility, and analyst forecasts: A study using content analysis [J]. The Accounting Review, 84 (5): 1639-1670.

KOWSARI K, BROWN D E, HEIDARYSAFA M, et al., 2017. Hdltex: Hierarchical deep learning for text classification [J]. Paper Presented at the 2017 16th IEEE International Conference on Machine Learning and Applications (ICMLA).

KRIZHEVSKY A, SUTSKEVER I, HINTON G E, 2012. Imagenet classification with deep convolutional neural networks [J]. Advances in Neural Information Processing Systems, 25: 1097-1105.

KUMAR S, GAO X, WELCH I, et al., 2016. A machine learning based web spam filtering approach [C]. Paper Presented at the 2016 IEEE 30th International Conference on Advanced Information Networking and Applications (AINA).

LEE C M, SHLEIFER A, THALER R H, 1991. Investor sentiment and the closed-end fund puzzle [J]. The Journal of Finance, 46 (1): 75-109.

LEWIS D D, RINGUETTE M, 1994. A comparison of two learning algorithms for text categorization [C]. Paper Presented at the Third Annual Symposium on Document Analysis and Information Retrieval.

LI F, 2010. The information content of forward - looking statements in corporate filings: A naïve Bayesian machine learning approach [J]. Journal of Accounting Research, 48 (5): 1049-1102.

LI Q, CHEN Y, JIANG L L, et al., 2016. A tensor-based information framework for predicting the stock market [J]. ACM Transactions on Information Systems (TOIS), 34 (2): 1-30.

LI Q, CHEN Y, WANG J, et al., 2017. Web media and stock markets: A survey and future directions from a big data perspective [J]. IEEE Transactions on Knowledge and Data Engineering, 30 (2): 381-399.

LI Q, TAN J, WANG J, et al., 2020a. A multimodal event-driven lstm model for stock prediction using online news [J]. IEEE Transactions on Knowledge and Data Engineering.

LI Q, WANG T, GONG Q, et al., 2014a. Media-aware quantitative trading based on public Web information [J]. Decision Support Systems, 61: 93-105.

LI Q, WANG T, LI P, et al., 2014b. The effect of news and public mood on stock movements [J]. Information Sciences, 278: 826-840.

LI X, WU P, WANG W, 2020b. Incorporating stock prices and news sentiments for stock market prediction: A case of Hong Kong [J]. Information Processing & Management, 57 (5): 102212.

LINTNER J, 1965. Security prices, risk, and maximal gains from diversification [J]. The Journal of Finance, 20 (4): 587-615.

LONG W, SONG L, TIAN Y, 2019. A new graphic kernel method of stock price trend prediction based on financial news semantic and structural similarity [J]. Expert Systems with Applications, 118: 411-424.

LORRAINE N, COLLISON D, POWER D, 2004. An analysis of the stock market impact of environmental performance information [C]. Paper Presented at the Accounting Forum.

LOUGHRAN T, MCDONALD B, 2011. When is a liability not a liability? Textual analysis, dictionaries, and 10-Ks [J]. The Journal of Finance, 66 (1): 35-65.

MANESSI F, ROZZA A M M, 2020. Dynamic graph convolutional networks [J]. Pattern Recognition, 97, 107000.

MARKOWITZ H, 1952. The utility of wealth [J]. Journal of political Economy, 60 (2): 151-158.

MCCALLUM A, NIGAM K, 1998. A comparison of event models for naive bayes text classification [C]. Paper Presented at the AAAI-98 Workshop on Learning for Text Categorization.

MCLEAN R D, PONTIFF J, 2016. Does academic research destroy stock return predictability? [J]. The Journal of Finance, 71 (1): 5-32.

MENNEL L, SYMONOWICZ J, WACHTER S, et al., 2020. Ultrafast machine vision with 2D material neural network image sensors [J]. Nature, 579 (7797): 62-66.

MERTON R C, 1973. Theory of rational option pricing [J]. The Bell Journal of Economics and Management Science, 4 (1): 141-183.

MEULBROEK L K, MITCHELL M L, MULHERIN J H, et al., 1990. Shark repellents and managerial myopia: An empirical test [J]. Journal of Political Economy, 98 (5, Part 1): 1108-1117.

MIKOLOV T, CHEN K, CORRADO G, et al., 2013a. Efficient estimation of word representations in vector space [J]. Computer Science.

MIKOLOV T, SUTSKEVER I, CHEN K, et al., 2013b. Distributed representations of words and phrases and their compositionality: arXiv, 10.48550/

arXiv. 1310. 4546 ［P］.

MILBOURN T T, 2003. CEO reputation and stock-based compensation ［J］. Journal of Financial Economics, 68 （2）: 233-262.

MITCHELL M L, MULHERIN J H, 1994. The impact of public information on the stock market ［J］. The Journal of Finance, 49 （3）: 923-950.

MITRA G, MITRA L, 2011. The handbook of news analytics in finance ［M］. Hoboken: Wiley Online Library.

MITTERMAYER M A, KNOLMAYER G F, 2006. Newscats: A news categorization and trading system ［C］. Paper Presented at the Sixth International Conference on Data Mining.

MOAT H S, CURME C, AVAKIAN A, et al., 2013. Quantifying Wikipedia usage patterns before stock market moves ［J］. Scientific Reports, 3 （1）: 1-5.

MODIGLIANI F, MILLER M H, 1958. The cost of capital, corporation finance and the theory of investment ［J］. The American Economic Review, 48 （3）: 261-297.

MOSKOWITZ T J, GRINBLATT M, 1999. Do industries explain momentum? ［J］. The Journal of Finance, 54 （4）: 1249-1290.

MOSSIN J, 1966. Equilibrium in a capital asset market ［J］. Econometrica: Journal of the Econometric Society, 34 （4）: 768-783.

NARTEA G V, WARD B D, DJAJADIKERTA H G, 2009. Size, BM, and momentum effects and the robustness of the Fama-French three-factor model: Evidence from New Zealand ［J］. International Journal of Managerial Finance, 5 （2）: 179-200.

NGUYEN N, LEBLANC G, 2001. Corporate image and corporate reputation in customers' retention decisions in services ［J］. Journal of Retailing and Consumer Services, 8 （4）: 227-236.

NGUYEN T H, SHIRAI K, VELCIN J, 2015. Sentiment analysis on social media for stock movement prediction ［J］. Expert Systems with Applications, 42 （24）: 9603-9611.

NIEDERHOFFER V, 1971. The analysis of world events and stock prices ［J］. The Journal of Business, 44 （2）: 193-219.

NOÉ F, OLSSON S, KÖHLER J, et al., 2019. Boltzmann generators:

Sampling equilibrium states of many-body systems with deep learning [J]. Science, 365 (6457).

OCH F J, NEY H, 2002. Discriminative training and maximum entropy models for statistical machine translation [C]. Paper Presented at the Proceedings of the 40th Annual Meeting of the Association for Computational Linguistics.

OMBABI A H, LAZZEZ O, OUARDA W, et al., 2017. Deep learning framework based on Word2Vec and CNN for users interests classification [C]. Paper Presented at the 2017 Sudan Conference on Computer Science and Information Technology (SCCSIT).

PANDIS N, 2016. The chi-square test [J]. American Journal of Orthodontics and Dentofacial Orthopedics, 150 (5): 898-899.

PARK J, LEE H, KIM C, 2014. Corporate social responsibilities, consumer trust and corporate reputation: South Korean consumers' perspectives [J]. Journal of Business Research, 67 (3): 295-302.

PARSONS C A, SABBATUCCI R, TITMAN S, 2020. Geographic lead-lag effects [J]. Review of Financial Studies, 33 (10): 4721-4770.

PENG Y, JIANG H, 2015. Leverage financial news to predict stock price movements using word embeddings and deep neural networks [J]. Computer Science.

PINTO M V, ASNANI K, 2011. Stock price prediction using quotes and financial news [J]. International Journal of Soft Computing and Engineering (IJSCE), 1 (5): 266-269.

PONTIFF J, 1995. Closed-end fund premia and returns implications for financial market equilibrium [J]. Journal of Financial Economics, 37 (3): 341-370.

QIAO P H, FUNG H G, WANG W, 2018. Chinese firms' crash risk and CEO media exposure [J]. Applied Economics Letters, 25 (14): 1034-1037.

RACHLIN G, LAST M, ALBERG D, et al., 2007. Admiral: A data mining based financial trading system [C]. Paper Presented at the 2007 IEEE Symposium on Computational Intelligence and Data Mining.

RECHENTHIN M, STREET W N, SRINIVASAN P, 2013. Stock chatter: Using stock sentiment to predict price direction [J]. Algorithmic Finance, 2

(3-4): 169-196.

REHMAN M U, SHAHZAD S J H, 2016. Investors' sentiments and industry returns: Wavelet analysis through squared coherency approach [J]. ACRN Oxford Journal of Finance and Risk Perspectives, 5 (1): 151-162.

REN R, WU D D, LIU T, 2018. Forecasting stock market movement direction using sentiment analysis and support vector machine [J]. IEEE Systems Journal, 13 (1): 760-770.

ROSS S A, 1976. Options and efficiency [J]. The Quarterly Journal of Economics, 90 (1): 75-89.

ROZEFF M S, KINNEY W J, 1976. Capital market seasonality: The case of stock returns [J]. Journal of Financial Economics, 3 (4): 379-402.

SABHERWAL S, SARKAR S K, ZHANG Y, 2011. Do internet stock message boards influence trading? Evidence from heavily discussed stocks with no fundamental news [J]. Journal of Business Finance & Accounting, 38 (9-10): 1209-1237.

SAHUT J M, PASQUINI-DESCOMPS H, 2015. ESG impact on market performance of firms: International evidence [J]. Management International/International Management/Gestiòn Internacional, 19 (2): 40-63.

SCARSELLI F, GORI M, TSOI A C, et al., 2009. The graph neural network model [J]. IEEE Trans. Neural Networks, 20 (1): 61-80.

SCHUMAKER R P, CHEN H, 2008. Evaluating a news - aware quantitative trader: The effect of momentum and contrarian stock selection strategies [J]. Journal of the American Society for Information Science and Technology, 59 (2): 247-255.

SCHUMAKER R P, CHEN H, 2009a. A quantitative stock prediction system based on financial news [J]. Information Processing & Management, 45 (5): 571-583.

SCHUMAKER R P, CHEN H, 2009b. Textual analysis of stock market prediction using breaking financial news: The AZFin text system [J]. ACM Transactions on Information Systems (TOIS), 27 (2): 1-19.

SCHUMAKER R P, ZHANG Y, HUANG C N, et al., 2012. Evaluating sentiment in financial news articles [J]. Decision Support Systems, 53 (3):

458-464.

SCHWEITZER M E, BROOKS A W, GALINSKY A D, 2015. The organizational apology [J]. Harvard Business Review, 94 (9): 44-52.

SEGLER M H, PREUSS M, WALLER M P, 2018. Planning chemical syntheses with deep neural networks and symbolic AI [J]. Nature, 555 (7698): 604-610.

SEHGAL V, SONG C, 2007. Sops: stock prediction using web sentiment [C]. Paper Presented at the Seventh IEEE International Conference on Data Mining Workshops (ICDMW).

SHANG C, LI M, FENG S, et al., 2013. Feature selection via maximizing global information gain for text classification [J]. Knowledge-Based Systems, 54: 298-309.

SHARPE W F, 1964. Capital asset prices: A theory of market equilibrium under conditions of risk [J]. The Journal of Finance, 19 (3): 425-442.

SHASTRI M, ROY S, MITTAL M, 2019. Stock price prediction using artificial neural model: an application of big data [J]. EAI Endorsed Transactions on Scalable Information Systems, 6 (20).

SHILLER R J, FISCHER S, FRIEDMAN B M, 1984. Stock prices and social dynamics [J]. Brookings Papers on Economic Activity (2): 457-510.

SHLEIFER A, SUMMERS L H, 1990. The noise trader approach to finance [J]. Journal of Economic perspectives, 4 (2): 19-33.

SHLEIFER A, VISHNY R W, 1997. The limits of arbitrage [J]. The Journal of Finance, 52 (1): 35-55.

SHYNKEVICH Y, MCGINNITY T M, COLEMAN S A, et al., 2016. Forecasting movements of health-care stock prices based on different categories of news articles using multiple kernel learning [J]. Decision Support Systems, 85: 74-83.

SILVER D, HUANG A, MADDISON C J, et al., 2016. Mastering the game of Go with deep neural networks and tree search [J]. Nature, 529 (7587): 484-489.

SILVER D, HUBERT T, SCHRITTWIESER J, et al., 2018. A general reinforcement learning algorithm that masters chess, shogi, and go through selfplay [J]. Science, 362 (6419): 1140-1144.

SILVER D, SCHRITTWIESER J, SIMONYAN K, et al., 2017. Mastering the game of go without human knowledge [J]. Nature, 550 (7676): 354-359.

SIM H S, KIM H I, AHN J J, 2019. Is deep learning for image recognition applicable to stock market prediction? [J]. Complexity: 1-10.

SOLOMON M, RUSSELL-BENNETT R, Previte J, 2012. Consumer behaviour [M]. New York: Pearson Higher Education AU.

SONG H, ZHAO C, ZENG J, 2017. Can environmental management improve financial performance: An empirical study of A-shares listed companies in China [J]. Journal of Cleaner Production, 141: 1051-1056.

SORICUT R, BRILL E, 2004. Automatic question answering: Beyond the factoid [C]. Paper Presented at the Proceedings of the Human Language Technology Conference of the North American Chapter of the Association for Computational Linguistics: HLT-NAACL.

SPRENGER T O, TUMASJAN A, SANDNER P G, et al., 2014. Tweets and trades: The information content of stock microblogs [J]. European Financial Management, 20 (5): 926-957.

STEIN J C, 1996. Rational capital budgeting in an irrational world [J]. Scholarly Articles.

SUN T, WANG J, ZHANG P, et al., 2017. Predicting stock price returns using microblog sentiment for chinese stock market [C]. Paper Presented at the 2017 3rd International Conference on Big Data Computing and Communications (BIGCOM).

SURROCA J, TRIBÓ J A, WADDOCK S, 2010. Corporate responsibility and financial performance: The role of intangible resources [J]. Strategic Management Journal, 31 (5): 463-490.

TETLOCK P C, 2007. Giving content to investor sentiment: The role of media in the stock market [J]. The Journal of finance, 62 (3): 1139-1168.

TETLOCK P C, SAAR-TSECHANSKY M, MACSKASSY S, 2008. More than words: Quantifying language to measure firms' fundamentals [J]. The Journal of Finance, 63 (3): 1437-1467.

WALLY S, BAUM J R, 1994. Personal and structural determinants of the pace of strategic decision making [J]. Academy of Management journal, 37 (4): 932-956.

WANG B, HUANG H, WANG X, 2012. A novel text mining approach to financial time series forecasting [J]. Neurocomputing, 83: 136-145.

WUTHRICH B, CHO V, LEUNG S, et al., 1998. Daily stock market forecast from textual web data [J]. IEEE.

XING R, LI Q, ZHAO J, et al., 2019. Media-based corporate network and its effects on stock market [J]. Emerging Markets Finance and Trade: 1-26.

XU S X, ZHANG X, 2013. Impact of Wikipedia on market information environment: Evidence on management disclosure and investor reaction [J]. Mis Quarterly, 37 (4): 1043-1068.

YANG S Y, MO S Y K, LIU A, 2015. Twitter financial community sentiment and its predictive relationship to stock market movement [J]. Quantitative Finance, 15 (10): 1637-1656.

ZHANG L, AGGARWAL C, QI G J, 2017. Stock price prediction via discovering multi-frequency trading patterns [C]. Paper Presented at the Proceedings of the 23rd ACM SIGKDD International Conference on Knowledge Discovery and Data Mining.

ZHANG X F, 2006. Information uncertainty and stock returns [J]. The Journal of Finance, 61 (1): 105-137.

ZHANG Y, JIN R, ZHOU Z H, 2010. Understanding bag-of-words model: a statistical framework [J]. International Journal of Machine Learning and Cybernetics, 1 (1-4): 43-52.

ZHELUDEV I, SMITH R, ASTE T, 2014. When can social media lead financial markets? [J]. Scientific Reports, 4 (1): 1-12.

ZWEIG M E, 1973. An investor expectations stock price predictive model using closed-end fund premiums [J]. The Journal of Finance, 28 (1): 67-78.

附　录

附表 1　互联网财经新闻来源网站与网址链接

网站名称	网址	网站名称	网址
OFweek 财经	finance.ofweek.com	上海证券报	www.cnstock.com
财界网	www.17ok.com	搜狐财经	business.sohu.com
财经网	www.caijing.com.cn	搜狐股票	q.stock.sohu.com
财新网	www.caixin.com	腾讯财经	new.qq.com/ch/finance
第 1 财经	www.yicai.com	腾讯证券	gu.qq.com
东方财富网	www.eastmoney.com	同花顺财经	www.10jqka.com.cn
凤凰财经	finance.ifeng.com	网易财经	money.163.com
和讯网	www.hexun.com	新浪财经	finance.sina.com.cn
华尔街见闻	wallstreetcn.com	雪球网	www.xueqiu.com
华股财经	www.huagu.com	证券时报网	www.stcn.com
华讯财经	www.591hx.com	证券之星	www.stockstar.com
环球财经网	www.jingjinews.com	中国财经	finance.china.com.cn
环球网财经	finance.huanqiu.com	中国经济网	www.ce.cn
汇通网	www.fx678.com	中国新闻网	www.chinanews.com/finance
金融界	www.jrj.com.cn	中国银河证券	www.chinastock.com.cn
巨潮资讯网	www.cninfo.com.cn	中国证券网	www.cnstock.com
每经网	www.nbd.com.cn	中金在线	www.cnfol.com
人民网财经	finance.people.com.cn	中证网	www.cs.com.cn